Groupama
APREC
CGI

L'ANNÉE DU RUGBY 2017

Un an de reportages des journalistes de la rubrique football
et des photographes de *L'ÉQUIPE*.

Un ouvragé réalisé par **Fabien Baumann,**
sous la direction de **Laurence Gauthier**

maquette : **Zarko Telebak**

iconographie : **Cyril Vuilly**

correction : *L'Équipe*, sous la direction d'**Émir Harbi.**

réalisation : Olo.éditions

© CRÉDITS PHOTOGRAPHIQUES

Toutes les images de cet ouvrage proviennent majoritairement
du fonds iconographique de *L'ÉQUIPE*.

Sébastien Boué, Franck Faugère, Pierre Lahalle, Nicolas Luttiau, Stéphane Mantey, Richard Martin, Frédéric Mons, Alain Mounic, Bernard Papon, Jérôme Prevost, Franck Seguin.

Sauf pour les pages suivantes :
p 31, Donall Farmer / INPHO / PRESSE SPORTS ,
p 35, James Crombie / INPHO,
p 35, Ryan Byrne / INPHO,
p 37, Billy Stickland / INPHO,
p 37 James Crombie / INPHO,
p 44, Tommy Dickson / INPHO,
p 44, James Crombie / INPHO,
p 45, Billy Stickland / Inpho,
p 58, Ross Setford / SNPA / PRESSE SPORTS,
p 59, Dan Sheridan / INPHO,
p 59, Andrew Cornaga / INPHO / Photosport,
p 80, Dan Sheridan / INPHO / PRESSE SPORTS,
p 81, Dan Sheridan / INPHO,
p 90, Luc Boutria / PHOTOPQR / NICE MATIN /Photo via MaxPPP,
p 90, D. Leriche / PHOTOPQR / NICE MATIN / Photo via MaxPPP,
p 110, Laurent Thevenot / PHOTOPQR / LE PROGRES / MaxPPP,

ISBN : 978-2-7021-6283-5
N° d'édition : 7541857101
Dépôt légal : septembre 2017
Imprimé en Espagne par Estella Graficas

PAPIER À BASE DE FIBRES CERTIFIÉES

CALMANN LEVY s'engage pour l'environnement en réduisant l'empreinte carbone de ses livres. Celle de cet exemplaire est de :
300 g éq. CO_2
Rendez-vous sur www.calmann-levy-durable.fr

L'ANNÉE DU RUGBY

L'ÉQUIPE

2017

CALMANN LÉVY

Le 18 mars 2017 au Stade de France, Baptiste Serin (à droite) et Gaël Fickou (masqué) étreignent leur Rémi Lamerat qu'ils aiment, auteur d'un essai d'entrée (7-0, 7e) sur un coup de pied à suivre de Lopez.

SOMMAIRE

Camille Lopez, demi d'ouverture de Clermont.

RIRE ET LARMES

Pas facile d'identifier si le visage bouleversé de Camille Lopez, sur cette photo, exprime une absolue détresse ou les confins de la joie. Provient-elle de la finale de la Coupe d'Europe perdue par Clermont contre les Saracens à Murrayfield (17-28) ou de la finale du Top 14 remportée par les Auvergnats contre Toulon au Stade de France (22-16) ? La réponse se trouve inscrite sur le torse de l'ouvreur international, égarée quelque part parmi les logos publicitaires... Mais le professionnalisme, les sponsors, les beaux salaires ne sont pas ce qui, en cette seconde, occupe l'esprit de Camille Lopez. Mille autres choses font bouillonner ses émotions. En premier lieu, probablement, le soulagement prodigieux d'avoir enfin gagné quelque chose, puisqu'il n'était pas encore là, en 2010, pour le premier titre national de Clermont. Mais aussi la libération intime du complexe du perdant qui pèse par mystère sur les épaules revêtues du maillot des Jaunards, la faute aux vingt et une finales perdues par les anciens depuis les années 1930... Et puis il y a de la fatigue, forcément, parce que c'est la fin de saison, parce que le numéro 10 a disputé toutes les minutes de la finale. Et puis il y a de la douleur, enfin, parce que la troisième-ligne du RCT (Smith, Vermeulen et Gill, pour vous servir) n'a, comme il se doit, pas épargné le meneur clermontois... Il y a tout cela dans le beau regard et le sourire de Camille Lopez. C'est ce mélange de rires et de larmes si propre au rugby que ce livre s'efforce de vous offrir. On y trouve une « chistera » maligne réussie par un blanc-bec face à la Nouvelle-Zélande (Baptiste Serin, p. 18), une extase collective après vingt minutes de temps additionnel (France-Galles, p. 38), un capitaine des Blacks et un capitaine des Lions conjointement déconfits (Read et Warburton, p. 58) et un très, très grand monsieur (Thierry Dusautoir, pp. 92-93) quittant une dernière fois le terrain, entouré d'amis, devant une stade debout.

FABIEN BAUMANN

Camille Lopez, le 26 novembre 2016 au Stade de France. L'équipe de France et son ouvreur ont échoué à moins d'un essai transformé de la Nouvelle-Zélande (19-24).

XV DE FRANCE

Non, n'allez pas croire que les Bleus se soient croisé les doigts en 2016-2017 ! Ils ont failli battre l'Australie, ont bien résisté aux All Blacks, ont décroché leur meilleure place (troisièmes) dans le Tournoi depuis 2011. Alors, d'où vient le sentiment de découragement ? D'une tournée ratée en Afrique du Sud qui a démontré en trois sèches défaites l'écart qui sépare désormais la France des grandes nations du rugby…

À tout casser !

À Toulouse, les Bleus plantent sept essais, dont certains de toute beauté, à des Samoans vite déstabilisés, mais paient un lourd tribut à la fureur de défendre adverse.

Et dire que, dans la nomenclature courante du sport, ce puissant choc des corps, qui ne relève d'aucune compétition officielle estampillée ou ne participe d'aucune phase qualificative à une Coupe du monde, entre dans la catégorie des matches dits « amicaux » ! On pourra lui préférer ce matin l'appellation antique de « test- match » tant, par-delà l'ampleur d'un score d'équipes folklos, cette victoire sur des Samoans naturellement féroces a valeur d'examen de passage pour une équipe de France en devenir.
Test de courage face à la puissance et à la dureté des guerriers polynésiens, test de lucidité et de self-control sous l'agression parfois à la limite d'une défense trop occupée à détruire pour conserver longtemps sa cohésion collective, test d'élégance et de sportivité même, au moment d'aider à se relever l'adversaire qui vient de vous concasser les côtes ou d'improviser une haie d'honneur sitôt sifflée la fin des hostilités. Oui, c'est un véritable test de caractère que cette équipe de France a passé et même si on sait bien que son salut exigeait d'y mettre les formes et de répondre au défi physique par le mouvement et la cohésion, elle le fit avec une constance et un cran qui forcèrent le respect du public du Stadium de Toulouse, trop vite distrait par la facilité d'une entame trompeuse.
Au bout d'un quart d'heure, Virimi Vakatawa avait déjà inscrit son premier essai sur une merveille de passe de Fofana dans les cornes de la défense (8-3, 12e). Au bout d'une demi-heure, Yoann Huget y allait du sien d'un bon pas (16-3, 29e), après une récupération du même Fofana, avant qu'Ollivon ne triple la mise derrière une perfection de passe de Lamerat (23-3, 33e). Déjà s'imposait l'impression que l'équipe de France allait pouvoir réciter ses gammes face à une opposition surprise dans sa fougue à chaque retour intérieur.

Trinh-Duc y laisse son avant-bras

Mais, même privé de quelques joueurs majeurs *« fidèles à leurs clubs »* pour de mauvaises raisons, le quinze samoan est capable de monter promptement un mur de parpaings sur la route de son adversaire. L'équipe de France, qui avait en première mi-temps gâché autant d'occasions d'essai qu'elle en avait inscrit, donna l'impression, au retour des vestiaires, d'en avoir déjà encaissé plus que sa dose.
Dès les premiers instants, Guirado était resté à terre, sonné sous l'impact. Goujon allait suivre, désossé pour le compte, puis, peu après la reprise, c'était Trinh-Duc, avant-bras cassé. Restait encore l'enthousiasmant Gourdon, impunément fracassé au bord d'un ruck par Mulipola, l'hirsute de secours entré en remplacement de Census Johnston, statue du commandeur de la fidélité samoane. Le bilan affiché à la porte de l'infirmerie pourra sembler lourd. Opposés d'entrée aux Samoans en 2012, les Gallois ne s'en étaient pas mieux sortis sur un plan médical. Seulement, ils avaient perdu et les pédales et le match. La France eut, elle, le grand mérite de reprendre rapidement le fil de ses pensées offensives.
« Tou-lou-sain, Tou-lou-sain », scanda alors le Stadium. Peut-être parce que la patte offensive clermontoise, symbolisée par la fluidité de passes de la paire Lamerat-Fofana devant la défense ou par les relances tranchantes de Spedding, rappelait au public du cru les grandes heures du Stade Toulousain. Conquérante en mêlée fermée tout du long, présente sur la ligne de front, attentive de bout en bout, l'équipe de France ne pouvait pas perdre ce match. Elle a eu le mérite de battre le record tricolore d'essais inscrit aux Samoans en développant un jeu où l'orgie d'*offloads* du Tournoi 2016 a été avantageusement remplacée par un jeu de passes et de courses mieux tempéré. Il faut sans doute y voir les effets d'un travail plus continu et d'une fraîcheur préservée depuis quinze jours.

PIERRE MICHEL BONNOT,
L'ÉQUIPE du 13 novembre 2016

FRANCE	26	52
SAMOA	3	8

Arbitre : M. Doyle (ANG). **Stadium municipal.** 31 712 spectateurs.

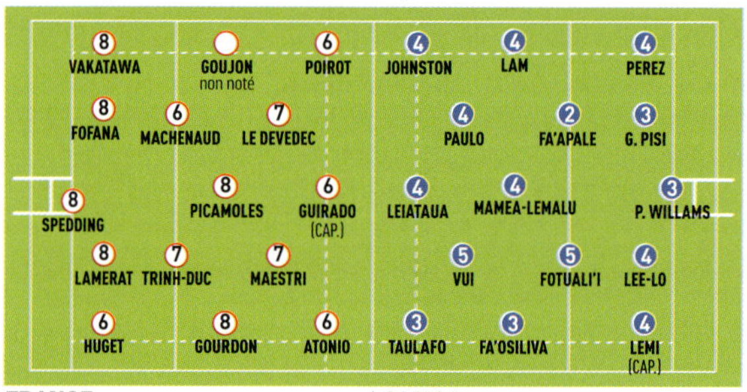

FRANCE
Réalisations : 7 E, Vakatawa (12e, 65e, 78e), Huget (29e), Ollivon (33e), Fickou (56e), pénalité (76e) ; 3 B, Machenaud (10e, 24e, 38e) ; 4 T, Machenaud (33e, 56e), Serin (76e, 78e).
Remplacements : 11e : Goujon par Ollivon (**7**) ; 36e : Poirot par Baille (**6**) ; 48e : Trinh-Duc par Doussain (**6**), Lamerat par Fickou (**6**) ; 50e : Le Devedec par Vahaamahina (**6**), Atonio par Slimani (**6**) ; 55e : Guirado par Chat ; 66e : Machenaud par Serin ; 69e : Gourdon par Le Devedec. **Temporaire :** Guirado par Chat (12e-17e).
Cartons : Aucun. **Entraîneur :** G. Novès.

SAMOA
Réalisations : 1 E, Lee-Lo (42e) ; 1 B, Fa'apale (7e).
Remplacements : 49e : Johnston par Perenise, Taulafo par Mulipola ; 59e : Vui par Lepa, Lam par Foe ; 63e : Leiataua par Elia ; 69e : Fa'apale par Leuila ; 77e : G. Pisi par K. Pisi.
Cartons : Aucun.
Entraîneur : A. Ieremia.

Trois fois Vakatawa

Virimi Vakatawa est devenu à Toulouse le vingt-deuxième joueur dans l'histoire de l'équipe de France à inscrire trois essais en un même match. Le dernier s'appelait Teddy Thomas, un soir de novembre 2014,contre les îles Fidji (40-15). Un ailier, lui aussi.

Face aux Samoa, le joueur d'origine fidjienne a marqué à sa façon, tout en vitesse et en puissance, en bout de ligne. « *Ce soir, ça a payé grâce au travail de tous les joueurs*, a-t-il confié. *Je suis là pour finir le travail. Trois essais, ça fait du bien.* » On s'interrogeait avant la partie sur l'état physique d'un joueur sous contrat fédéral et sans club, qui n'avait pas disputé le moindre match depuis le tournoi à 7 des Jeux Olympiques de Rio, en août 2016. Eh bien, il ne fallait pas !

LAURENT CAMPISTRON,
***L'ÉQUIPE* du 13 novembre 2016**

Relance de Virimi Vakatawa. Le Fidjien des Bleus s'est régalé face à ses « cousins » samoans.

Un peu court

Passé à un drop de la victoire sur la pelouse du Stade de France, le quinze tricolore n'affiche pas assez d'efficacité et de lucidité défensive pour venir à bout d'une équipe d'Australie bis.

La victoire face aux Samoans (52-8) portait les germes de ce rageant revers. À savoir ? Un manque criant d'efficacité à l'approche de la ligne adverse et de fermeté défensive de la part des jeunes Tricolores. En particulier lors des entames de deuxième période.

Comme la semaine passée, le passage par la causerie des vestiaires ne sembla guère inspirer la défense française. Profitant d'une mêlée dominatrice, qui allait encore lui offrir sa meilleure occasion lors des derniers instants du match, la France était pourtant revenue à deux points sur une pénalité de Machenaud, juste avant la mi-temps (11-13, 40e + 2), et c'était plutôt une bonne affaire tant l'Australie, sans donner l'impression de chercher vraiment à déchirer le rideau défensif tricolore, avait réussi à imposer ses schémas bien léchés.

Et puis, coup sur coup, les Bleus allaient baisser la garde sur une concrétisation de Bernard Foley, très patiemment construite (11-20, 43e), puis sur un essai en coin d'une abracadabrante adresse en plein vol de Tevita Kuridrani, derrière une mince percée de Will Genia (16-25, 58e). Alors, bien sûr, la France n'allait rien céder de son ambition offensive, trouvant même deux fois la faille sur un essai de Jean-Marc Doussain, derrière une jonglerie de Vakatawa (16-20, 53e), puis par un dernier coup de reins de Fofana sur une action solidement redressée par Lamerat (23-25, 67e).

L'impasse gagnante de Michael Cheika

Mais si le public du Stade de France, emballé, pouvait remercier l'esprit fidjien de ce match très ouvert – tout entier symbolisé par la prière partagée, genou en terre, par les huit îliens des deux camps au coup de sifflet final –, cette équipe de France a finalement échoué à son bac blanc de jeu moderne, et chacun sait que l'examinateur, qui s'approche, tout de noir vêtu, est d'un genre autrement vachard...

En attendant le glaçant sommet contre la Nouvelle-Zélande, c'est l'entraîneur australien Michael Cheika qui a réussi son pari en se ménageant une victoire qui ne tint qu'au drop raté par Camille Lopez à la dernière minute, en même temps qu'il protégeait ses cadres fourbus. Guy Novès, en dépit du contenu offensif plutôt emballant, pourra toujours regretter un succès qui aurait fait pencher son bilan du bon côté (il est désormais de quatre victoires pour cinq défaites) ainsi que la fraîcheur laissée en route par une équipe seulement modifiée à la marge. Encore ne peut-on même pas dire que ces Aussies-ci aient mis durablement les Bleus dans le rouge.

« Leurs lancements de jeu sont réputés, avait prévenu Novès. *Devant les Samoa, nous avons subi pendant les quatre ou cinq premières minutes. Face aux Australiens, ça pourrait durer quatre-vingts minutes... »* Quatre-vingts minutes, tout de même pas et c'est heureux, mais il fut rapidement évident que l'Australie offrirait un test de maintien d'un tout autre niveau que la Manu Samoa, en particulier en matière de conservation, de combat au sol et d'organisation défensive. Entre la première action de près de deux minutes, au terme de laquelle Naivalu ne fut pas loin d'ouvrir le score sur un coup de pied rasant, et la pénalité accordée sur mêlée à la limite des arrêts de jeu de la première mi-temps, l'équipe de France courut tout à la fois après le score et après le ballon.

Mais du moins le fit-elle en bon ordre et sans se laisser surprendre par cette équipe d'Australie de rechange tout occupée à se trouver une cohésion derrière. On eut la démonstration de cette cohésion lorsque, à la suite d'une pénalité concédée au sol par Uini Atonio, l'Australie, vent arrière, trouva une belle pénaltouche pour obtenir derrière un maul roulant un essai de pénalité aggravé d'un carton jaune à Ollivon (8-10, 24e).

Dix minutes durant, les Tricolores allaient défendre sans céder un point de plus et, dans un genre austère et opiniâtre, c'était sûrement aussi probant que le magnifique enchaînement d'*offloads* et de passes dans le temps juste qui avait permis à Virimi Vakatawa d'être à l'origine et à la conclusion d'un essai plein de promesses (8-0, 17e). La suite allait malheureusement prouver que cette équipe de France n'était pas encore capable de maintenir cet état de concentration quatre-vingts minutes durant.

PIERRE MICHEL BONNOT,
L'ÉQUIPE du 20 novembre 2016

L'ÉQUIPE
FOOTBALL Paris-SG 2-0 Nantes
UNE VICTOIRE QUI COÛTE CHER
Marseille - Caen (17 h, beIN Sports 1)
OM, les virages à un tournant
Ligue 1
RAGEANT
TENNIS MASTERS
CHOC DE TITANS

Noa Nakaitaci tente une percée au cœur, bien bloquée par le plaquage très technique de l'ailier australien Sefanaia Naivalu.

Le secret du jeu aussie ? Des groupés pénétrants bien conduits (à gauche, Scott Fardy) et des slips à motifs aborigènes.

France	11	23
Australie	13	25

Arbitre : M. Jackson (NZL). **Stade de France.** Spectateurs : 79 000 environ.

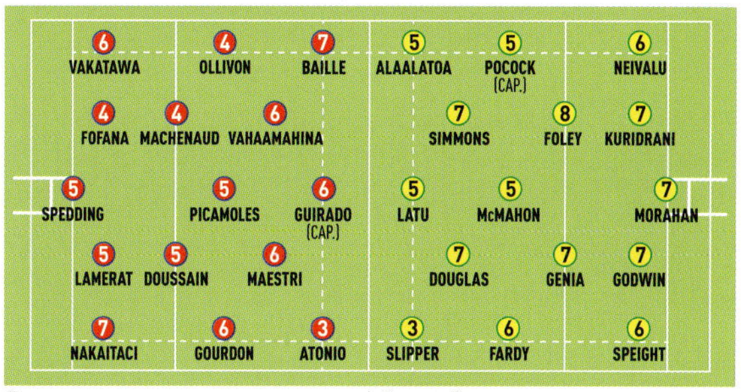

France

Réalisations : 3 E, Vakatawa (17e), Doussain (53e), Fofana (67e) ; 2 B, Machenaud (6e, 40e+2) ; 1 T, Machenaud (67e).
Remplacements : 55e : Doussain par Lopez ; 64e : Baille par Chiocci, Guirado par Chat, Vahaamahina par Le Devedec, Atonio par Slimani ; 67e : Lamerat par Fickou ; 71e : Picamoles par Chouly ; 74e : Machenaud par Serin.
Temporaires : Spedding par Lopez (30e-37e) ; Doussain par Lopez (43e-50e).
Carton : 1 jaune : Ollivon (24e).
Entraîneur : G. Novès.

Australie

Réalisations : 3 E, pénalité (24e), Foley (43e), Kuridrani (58e) ; 2 B, Foley (22e, 37e) ; 2 T, Foley (24e, 43e).
Remplacements : 64e : Slipper par Sio, Latu par Moore ; 67e : McMahon par Mumm ; 70e : Douglas par Skelton, Alaalatoa par Robertson ; 78e : Genia par Phipps.
Carton : Aucun.
Entraîneur : M. Cheika.

Le drop du désespoir

Face à un arbitre qui avait choisi de ne pas choisir et à une horloge qui jouait contre eux, les Bleus ont été contraints de tenter un but à trois points. Choix juste, mauvaise réalisation.

Sans opposition face à lui, Camille Lopez arme son drop (80e + 2)...

Dans les sous-sols du Stade de France, Camille Lopez, main dans les poches et épaules tombantes, rumine sa déception : *« C'est mon entière responsabilité. Je le manque. C'est frustrant. Je suis très en colère contre moi-même. »* S'il ne l'a pas répété cinq fois en dix minutes, il n'a rien dit. Une petite heure auparavant, l'ouvreur remplaçant des Bleus ratait le drop de la victoire face aux Wallabies, alors que le chrono affichait 82 minutes et 9 secondes. *« On a fait le point et décidé de taper au milieu avec les avants pour essayer de se mettre en position de marquer 3 points,* se remémore Lopez. *On aurait pu tenter de tenir le ballon pour aller chercher la pénalité. Peut-être que le choix n'est pas bon, mais on a décidé d'aller jusqu'au bout ! »*

À l'origine de cette balle de match ? Une série de trois mêlées sur introduction française à l'entrée des 22 mètres du camp australien. Malgré l'archi-domination du pack tricolore dans ce secteur, l'arbitre néo-zélandais, M. Jackson,refuse de pénaliser les Wallabies. Sur le dernier édifice écroulé, il ordonne même à Baptiste Serin de jouer le ballon disponible. Le demi de mêlée envoie Vakatawa en premier attaquant. L'ailier crée un premier point de fixation. Serin joue alors dans le sens, puis, sur du jeu à une passe, inverse derrière chaque ruck. Six temps de jeu d'affilée où les avants tricolores progressent peu, mais parviennent à conserver le ballon. À deux reprises, Moore et Pocock auraient d'ailleurs pu être sanctionnés pour hors-jeu face aux barres.

Wesley Fofana : « C'était la bonne option »

À cet instant, les Français ont fait leur deuil d'un cadeau de l'arbitre, même mérité, qui leur offrirait quasiment la victoire. *« Parce que s'il ne siffle pas sur les deux premières mêlées, on sait qu'il ne sifflera jamais,* estime le centre Wesley Fofana. *Il fallait donc sortir le ballon. Camille* (Lopez) *et toute l'équipe ont décidé de partir sur un drop. Je suis juste derrière, il passe à quelques centimètres. C'est frustrant, mais on ne le regrette pas du tout. Si le drop passe, on gagne. C'était la bonne option à ce moment-là. »* Sur le coup, et dans l'excitation d'une seconde mi-temps enthousiasmante, on se dit que le premier rideau australien aurait fini par se fissurer avec un peu plus de patience. *« Peut-être que ça aurait pu être autre chose qu'un drop,* analysait à chaud l'entraîneur adjoint Yannick Bru. *On n'a pas su aller chercher cet avantage en fin de match. »*

Souvent, à ce moment d'une rencontre, l'équipe qui court après le score craint la faute idiote qui vient dilapider la dernière munition. Dans les faits, l'action durait déjà depuis plus de deux minutes, une éternité. Difficile d'insister beaucoup plus longtemps. Lopez, lui, avait même réclamé le ballon avant le quatrième temps de jeu. *« Dans ce genre de situation, je préfère qu'elle vienne vite, mais, au moment où j'appelle Baptiste, je pense qu'on ne se comprend pas bien »,* expliquait-il après le match. *« Même si j'aurais préféré l'avoir deux ou trois temps plus tôt, ça n'est pas une excuse. Ce drop aurait dû récompenser le travail de l'équipe et je ne l'ai pas passé. »* Sur le terrain, l'alternance du numéro neuf a déporté son ouvreur gaucher légèrement sur la gauche, justement. Défaillance mentale ou technique ? L'intéressé a pris une dizaine de mètres de recul et se trouve à environ 35 mètres des poteaux. La passe de Serin, elle, est parfaite. Suffisamment vive et tendue pour donner de l'avance sur la pression défensive. La frappe semble pure, mais le ballon passe un petit mètre sur la gauche. *« Je ne la prends pas si mal que ça, mais pas parfaitement, puisqu'elle ne passe pas »*, se contentait de commenter Lopez, accablé. *« On ne va pas lui en vouloir »*, commentait simplement Bru. *« Il y a eu d'autres moments du match où l'on aurait pu se mettre à l'abri en marquant d'autres points et où, dans le feu de l'action, on a pris de mauvaises décisions. »* Celle du drop était la bonne, seule manquait la finition.

RENAUD BOUREL,
L'ÉQUIPE du 21 novembre 2016

50 %

Le pourcentage de réussite au pied des buteurs français (Machenaud et Spedding), contre 80 % aux Wallabies. Les Français ont manqué deux transformations et une pénalité.

Kuridrani va aplatir au pied du poteau… qui appartient à la ligne de touche.

Kuridrani n'avait pas marqué

L'essai de Tevita Kuridrani qui a permis aux Wallabies de mener de neuf points à la 58e minute (16-25) n'était pas valable. Sur les ralentis, on voit clairement le centre australien aplatir le ballon contre le poteau de coin. Or, selon les règles de World Rugby, *« si le ballon ou un joueur porteur du ballon touche un drapeau ou un poteau (…), le ballon est toujours en jeu, sauf si le touché à terre est effectué contre un poteau de coin »*. Cette dernière précision capitale invalide l'essai de Kuridrani, qui a ainsi, selon la règle, aplati en touche. Mais l'arbitre vidéo, à qui M. Jackson a fait appel sur cette action, s'est plutôt concentré sur un appui en dehors du terrain du Fidjien d'origine. M. Jackson aurait donc dû revenir à l'avantage qu'il avait signalé au préalable : pénalité pour hors-jeu de Picamoles.

ALEXANDRE BARDOT,
***L'ÉQUIPE* du 21 novembre 2016**

Pas si loin de l'exploit

Épatante de confiance en elle à Saint-Denis, l'équipe de France maltraite des All Blacks parfois suffisants et échoue à cinq points de la victoire faute d'efficacité, une nouvelle fois.

Bon, pour la magie noire, vous repasserez. Mais pour l'efficacité, le sang-froid, le cynisme même, les mi-Blacks – affublés d'un grotesque maillot bicolore à mi-chemin entre la tunique du SCO d'Angers et le bonbon réglisse-menthe – n'ont rien à envier à de glorieux aînés plus sobrement vêtus.

Les champions du monde n'étaient pas venus là pour infliger à la France une deuxième humiliation après celle du Mondial 2015 (13-62), mais pour s'imposer au plus juste avant de prendre des vacances méritées. Mais si les All Blacks sont désormais invaincus en région parisienne depuis 1973 (défaite 13-6 au Parc des Princes), si Saint-Denis n'a jamais vu les Blacks trébucher, c'est aussi que ces Tricolores n'ont pas sauté sur la belle occase qui leur tendait les bras.

Ah, bien sûr, ils ont été formidables d'ambition offensive et présents physiquement, alors même que les Blacks venaient de creuser le break d'un essai en puissance à la fatidique heure de jeu (9-24, 58e), pour répondre dans l'instant par Picamoles (19-24, 62e), envoyé à l'essai d'une chistera splendide d'effronterie de Baptiste Serin derrière une pénalité jouée à la main. Mais, enfin, on ne peut pas s'approcher par cinq fois à moins d'un mètre de la ligne adverse balle en main sans marquer. On ne peut pas subir autant en touche (quatre ballons perdus) et encore une fois sur les ballons portés sans laisser passer l'occasion d'en finir avec une série de neuf défaites de rang depuis 2009. Certes, la France poussa souvent les All Blacks à la faute dans le jeu au sol, certes, elle a trouvé en Kevin Gourdon l'Houdini des zones de contact, le relais offensif qui lui manquait, et avec Serin (22 ans) un 9 taille patron, mais elle a parfois attaqué sur un timing d'un autre âge.

Et Barrett intercepta la passe de Lopez...

Il a ainsi suffi aux hussards noirs de deux coups d'épées pour l'occire et si le deuxième – une interception de Barrett sur une passe prévisible de Lopez à l'approche de la ligne black (42e) – fut aussi le plus cruel, il rappelait tant, minute pour minute, le coup de poignard de la désillusion tricolore à Saint-Denis en 2013 (19-26) qu'on ne voyait pas comment les même causes ne produiraient pas les même sinistres effets. C'est que la première période portait déjà l'exaspérant ferment de ce qui constitue l'essentiel de la prétendue magie all black : cette faculté à laisser le ballon à l'adversaire sans sembler s'en soucier et à gérer le temps qui passe dans son propre camp comme s'il était évident que la France se rapprochait de sa propre perte à mesure que tournaient les aiguilles. Le quinze

Entré à la place de Machenaud à la mêlée (48e), Baptiste Serin a aussitôt dynamisé le jeu, face à la plus forte adversité qui soit.

« On en fait tout un plat, mais c'est mon jeu de tenter des choses comme ça et je le fais aussi en club. C'est l'insouciance qui a parlé. »

BAPTISTE SERIN, demi de mêlée des Bleus, à propos de sa chistera maligne qui offre l'essai français à Picamoles (62e).

de Guy Novès avait confisqué le ballon d'entrée, mais pour un profit limité. En une petite demi-heure, il avait perdu cinq ballons dans les vingt-deux mètres néo-zélandais – dont deux sur de franches occasions d'essai où par deux fois Vakatawa n'avait pu assurer la passe décisive –, encaissé trois pénalités et s'était beaucoup dépensé pour un bilan nul et vierge.

Les All Blacks, en s'attardant dix secondes dans le camp français, menaient déjà de dix points. Sur un maul stationnaire dans ses quarante mètres, il avait suffi d'un coup d'œil de Barrett et d'une perfection de coup de pied décroisé pour envoyer Dagg à l'essai sur un relais de Savea. Un but avait suivi pour une faute au sol balourde de Vahaamahina, par ailleurs excellent. Si bien que le titre de Français d'honneur

Malgré Lienert-Brown, Wesley Fofana trouve des bras amis sur les extérieurs.

de la mi-temps revenait à Rémi Lamerat qui, en récupérant un ballon au sol à cinq mètres de la ligne bleue, avait privé les champions du monde de l'essai du coup de massue. Au lieu de quoi les Tricolores, toujours soucieux d'entreprendre, allaient revenir à quatre points à l'instant de revenir au vestiaire (6-10). Mais il était dit que cette équipe de France s'était déjà montrée trop prodigue pour poser le premier jalon de confiance de sa nouvelle entreprise. Une nouvelle fois, l'histoire attendrait.

PIERRE MICHEL BONNOT,
***L'ÉQUIPE* du 27 novembre 2016**

	Mi-temps	Score
France	6	19
Nouvelle-Zélande	10	24

Arbitre : M. BARNES (ANG). **Stade de France.** 78 500 spectateurs.

France			Nouvelle-Zélande		
4 VAKATAWA	6 OLLIVON	5 CHIOCCI	6 FRANKS	8 TODD	5 NAHOLO
5 FOFANA	5 MACHENAUD	7 VAHAAMAHINA	8 WHITELOCK	8 B. BARRETT	4 LIENERT-BROWN
5 DULIN	5 PICAMOLES	4 GUIRADO (CAP.)	7 COLES	8 READ (CAP.)	● DAGG
5 LAMERAT	4 LOPEZ	- MAESTRI non noté	7 RETALLICK	7 PERENARA	5 CROTTY
4 NAKAITACI	7 GOURDON	5 ATONIO	7 MOODY	7 KAINO	6 SAVEA

France

Réalisations : 1 E, Picamoles (62e) ; 4 B, Machenaud (25e, 40e), Serin (50e, 77e) ; 1 T, Serin (62e).
Remplacements : 15e : Maestri par Le Devedec (note : 4) ; 48e : Machenaud par Serin ; 61e : Lamerat par Fickou, Chiocci par Baille, Atonio par Slimani ;
65e : Picamoles par Chouly ; 70e : Guirado par Chat. **Temporaire** : Fofana par Fickou (12e-17e).
Cartons : Aucun.
Entraîneur : G. Noves.

Nouvelle-Zélande

Réalisations : 3 E, Dagg (7e), B. Barrett (43e), Faumuina (58e) ; 1 B, B. Barrett (17e) ; 3 T, B. Barrett (7e, 43e, 58e).
Remplacements : 44e : Moody par Crockett, Retallick par S. Barrett, Crotty par Ioane ; 48e : O. Franks par Faumuina ; 57e : Dagg par Cruden, Todd par Savea ; 59e : Perenara par A. Smith ; 63e : Coles par C. Taylor.
Cartons : Aucun.
Entraîneur : S. Hansen.

« Les Blacks n'ont pas trop rigolé »

Guy Novès, le sélectionneur français, se félicite du caractère de ses troupes et de certaines de leurs fulgurances. Il demande qu'on leur et lui fasse confiance pour la suite.

« Quel est votre sentiment après ce revers ?
On va digérer cette seconde défaite avant de se projeter sur le Tournoi. Face à l'Australie *(23-25)* et à la Nouvelle-Zélande, qui sont les deux derniers finalistes de la Coupe du monde, on perd deux fois de très peu. Je remarque aussi qu'on s'est créé beaucoup d'occasions. On a plusieurs fois traversé le terrain avec des mouvements qui me conviennent. Les joueurs ont aussi mis un caractère supérieur dans l'engagement physique. Face à cette équipe d'une froideur incroyable, on est à notre niveau. Deux occasions, le coup de pied et l'interception *(qui ont conduit aux deux premiers essais)*, nous font très mal. Après le test contre l'Australie, j'étais sorti frustré de la défaite. Là, je suis fier du comportement de mes joueurs. Les Blacks ont été supérieurs, mais ils n'ont pas trop rigolé non plus.

Comment expliquez-vous les nombreuses pertes de balle près de la zone de vérité ?
C'étaient les Blacks, en face ! Sur le dernier geste, il faut prendre conscience qu'il faut mettre plus de vitesse, comme sur l'interception. C'est aussi de l'expérience et de la maturité. Les All Blacks savent provoquer la réussite. Mais on n'a pas fait que les admirer, on les a aussi concassés par moments. Le travail, la lucidité, la confiance, l'enthousiasme feront que, dans quelques temps, les passes arriveront et qu'on marquera.

Comment voyez-vous la suite ?
Il nous tarde de gagner. Ce que je ressens, c'est que notre équipe utilise des schémas de jeu qui lui conviennent, même si je n'irais pas jusqu'à dire qu'une équipe est en train de naître. On apprend à chaque match. On perd pas mal de ballons sur la dernière passe, c'est ce qu'on doit travailler. Mais ça donne une agréable perspective d'avenir. Nos jeunes n'ont pas simplement rivalisé avec les All Blacks, ils les ont fait douter. Je vois une volonté farouche d'avancer. Je pense qu'il y aura des jours plus ensoleillés. »

MAXIME RAULIN,
***L'ÉQUIPE* du 27 novembre 2016**

Après ses dix premiers matches, le bilan de Guy Novès à la tête des Bleus s'établit à quatre victoires pour six défaites.

10

Les All Blacks ont signé à Saint-Denis leur dixième victoire d'affilée face à la France, leur meilleure série dans l'histoire des deux nations. Les Bleus n'ont plus gagné depuis 2009.

Plus forts que la fatigue

Au terme d'une saison flamboyante et épuisante, les champions du monde néo-zélandais sont parvenus à trouver les ressources nécessaires pour contrer les Français.

Le sélectionneur néo-zélandais Steve Hansen avait annoncé : « *L'interrogation portera sur notre capacité à reproduire une bonne performance après ce qu'on a fait contre l'Irlande à Dublin* (victoire 9-21). » Les All Blacks pouvait-ils réitérer, une semaine plus tard, un deuxième match âpre et engagé ? Car Hansen et son staff le savaient, leurs joueurs étaient éreintés. Il fallait donc livrer une « der des der » face aux Bleus alors que les vacances d'été se profilent dans l'hémisphère Sud.

Le deuxième-ligne black Scott Barrett charge entre les avants français Damien Chouly (à gauche) et Charles Ollivon.

« *Avec l'évolution du Super Rugby* (dix-huit franchises, dont une argentine et une japonaise) *et du Rugby Championship* (Four Nations), *on a fait deux fois le tour du monde, disputé sept test-matches sur neuf fuseaux horaires différents*, comptabilise Hansen. *Ça tape sur les organismes.* » De quoi se laisser tenter à avoir l'esprit ailleurs, à causer pêche à la dorade ou farniente aux Fidji. « *On a essayé d'éviter de parler entre nous des vacances*, avouait avant la rencontre le deuxième-ligne Brodie Retallick. *Le voyage du retour sera plus agréable avec une victoire.* »

Comme pour donner le *la*, Retallick chargea d'entrée Louis Picamoles, identifié comme pièce maîtresse des Bleus, sur une réception aérienne. Les Blacks ont-ils subi la furia française ou ont-ils voulu l'absorber avec réalisme ? Toujours est-il qu'ils ont reculé dans leurs 22 mètres dès les premières minutes. Solides mais moins sûrs qu'à l'accoutumée. Les All Blacks ont aussi concéder treize pénalités, soit presque le double des Bleus (sept). « *Le crédit est à accorder aux Français, qui nous ont mis sous pression* », sourit Charlie Faumina. Les Néo-Zélandais leur ont opposé leur opportunisme. Dès la 7e minute: une balle bien éjectée par Perenara, une vista et un coup de pied millimétré de Beauden Barrett bien réceptionné par Julian Savea. Une accélération et une passe plus tard, c'est Israel Dagg qui aplatit. Comme quoi, même avec les jambes lourdes, le coup d'œil et la précision sauvent des situations. Des gradins, on apercevra des brèches évidentes dans la ligne de défense black. Mais l'imprécision des Bleus leur épargnera le pire. Ainsi cette balle redonnée par Brice Dulin à Retallick à quelques mètres de l'en-but black. Ou encore cette passe de Lopez interceptée par Barrett qui, après un sprint de plus de 80 mètres, filera à l'essai (43e) sans que personne n'essaye de le reprendre. « *Il a fallu s'employer pendant 80 minutes,* rapporte Beauden Barrett, auteur par ailleurs d'un 100 % au pied. *On a montré qu'on voulait vraiment la victoire. On a retrouvé l'état d'esprit qui nous faisait défaut à Chicago* (défaite 29-40, le 6 novembre 2016, face à l'Irlande). *On ne voulait pas revivre une défaite.* »

KARIM BEN-ISMAÏL,
***L'ÉQUIPE* du 27 novembre 2016**

L'une des douze mêlées enchaînées en fin de match au Stade de France, le 16 mars, contre le pays de Galles. À la baguette derrière le pack bleu : Antoine Dupont, vingt ans, deuxième sélection.

TOURNOI DES 6 NATIONS

Par leur folie et leur intensité, les vingt minutes de temps additionnel de France-Galles, en clôture du Tournoi, ont fait entrer le match dans l'histoire. Grâce à cette victoire (20-18), les Bleus finissent troisièmes avec trois succès, ce qui est bien, derrière des Anglais qu'ils auraient pu battre à Twickenham (défaite 19-16) et des Irlandais chez qui ils ne gagnent jamais (échec 19-9), ce qui est beaucoup moins bien.

À tueurs, tueurs et demi

À Twickenham, la France, qui mène encore de 4 points à onze minutes de la fin, laisse trop d'occasions en route et permet à l'Angleterre de lui régler froidement son compte. Exaspérant !

Si ça fait mal aux dents ? Bah, tiens ! S'incliner de trois malheureux points face à l'Angleterre chez elle, croiser une nouvelle fois le regard arrogant d'Owen Farrell, serrer la main de Dylan Hartley, dernier représentant d'une longue lignée de talonneurs anglais têtes à claques, faire semblant de se réjouir pour un dérisoire bonus défensif de pacotille quand on est passé si près du crime parfait, tout cela a de quoi vous mettre la rate au court-bouillon pour un Tournoi entier.

Selon son tempérament, sa culture ou son âge, on pourra préférer l'âpre combat d'hier à la farandole insensée de mars 2015 (défaite 55-35) et ses douze essais au compteur, mais le résultat est le même : l'Angleterre a gagné et il faut désormais remonter à 2005, une époque où le bon président Laporte entraînait encore le quinze de France, pour trouver trace d'un succès dans le Temple à l'heure sacrée du Tournoi ! On pourra toujours invoquer la sainte poisse, pester après telle décision arbitrale ou bien trouver ces Anglais sans génie. On pourra, mais un seul geste suffira à balayer de vains regrets, cet ultime coup de pied qui ne trouve pas la touche, cette pénaltouche envolée, cette balle de match salopée par Jean-Marc Doussain comme un désolant condensé des scories bleues.

Quinze succès de rang pour les Anglais

D'autant plus rageant que l'Angleterre n'a pas joué à son niveau, qu'elle a accumulé les fautes de main et les fautes de goût. Un peu comme les All Blacks face au même adversaire en novembre 2016, et ça n'est pas un hasard, tant les Tricolores semblent s'y entendre désormais à semer le désordre chez l'adversaire. Et si l'on ajoute que la Rose manqua un peu de son liant ordinaire et, en l'absence des frères Vunipola, de beaucoup de la puissance qui lui permet d'aller toujours de l'avant, on en vient à se demander comment les Bleus ont bien pu laisser passer si belle occasion de priver les troupes d'Eddie Jones d'un quinzième succès de rang ! Il suffira pour comprendre de rembobiner le film des occasions manquées françaises. Ce passage en touche de Vakatawa d'entrée et de Nakaitaci peu avant la demi-heure de jeu. Cette dernière remise intérieure de Lamerat pour Nakaitaci oubliée en route juste avant la sirène ou cet en-avant d'Atonio sur une passe imprécise de Serin à l'abord de la ligne, peu après la reprise, sont autant d'aubaines qu'on ne laisse pas impunément en route.

Guy Novès voulait des *« tueurs »* aux abords de la ligne, mais les tueurs – malgré un essai emballant de Slimani après huit temps de jeu et deux dernières passes parfaites de

Louis Picamole se désole. En quatre confrontations depuis 2009, il n'a jamais battu l'Angleterre à Twickenham.

Vahaamahina et Gourdon (12-16, 60e) – se sont une nouvelle fois pris les pieds dans le tapis au moment d'en finir. Et ce sont les tueurs à la Rose qui ont balancé le dernier coup de merlin. Eddie Jones avait prédit que son banc ferait la différence. Il fallait être sûr de son machiavélisme pour rebattre toute sa ligne de trois-quarts comme le fit le coach anglais sur une pénaltouche capitale, alors que la France menait de quatre points à onze minutes du coup de sifflet final. Mon centre passe à l'ouverture, mon ailier passe au centre, et hop, je vous sors de ma manche une bombinette nommé Ben Te'o qui emporte tout sur son passage (19-16, 70e).

La France tenta bien à son tour un ultime coup de poker avec l'entrée de Doussain et de Huget et le passage de Vakatawa au centre. Mais ce genre de tour de passe-passe demande confiance et précision, ce qui manqua pour finir à Jean-Marc Doussain. On pourra, bien sûr, se réjouir que de nouvelles conditions de préparation permettent désormais à la France de rivaliser quatre-vingts minutes durant, de la forme de Louis Picamoles ou des performances de Baille, de Serin, de Gourdon. On pourra. Reste que le temps passe et que les tueurs aux doigts de beurre sont toujours à la veille de réaliser le grand coup qui les replacerait à la une de l'actualité rugbystique mondiale.

« Y en a marre, quoi ! On échoue encore de peu, pour la troisième fois de suite, dans des conditions similaires. Aujourd'hui, on devait gagner, c'est tout. On ne peut pas se satisfaire d'une défaite pareille. »

CAMILLE LOPEZ,
ouvreur de l'équipe de France.

PIERRE MICHEL BONNOT,
L'ÉQUIPE du 5 février 2017

Rabah Slimani marque entre les poteaux (12-16, 60e), au nez et à la barbe du pilier anglais Joe Marler.

Entré en jeu à la place du talonneur Harltey à la 55e, George plaque Lopez. Le coaching anglais a fait la différence.

Scott Spending, l'une des grosses satisfactions françaises de la soirée.

ANGLETERRE	9	**19**
FRANCE	9	**16**

Arbitre : M. Gardner (AUS). **Twickenham.** 81902 spectateurs.

ANGLETERRE

Réalisations : 1 E, Te'o (70e) ; 4 B, O. Farrell (10e, 23e, 54e), Daly (37e) ; 1 T, O. Farrell (70e).
Remplacements : 55e : Hartley par J. George **(6)** ; 63e : Launchbury par Haskell ; 66e : Marler par Mullan, B. Youngs par Care ; 69e : Joseph par Nowell, Ford par Te'o.
Cartons : 1 jaune : May (13e).
Entraîneur : E. Jones.

FRANCE (BONUS DÉFENSIF)

Réalisations : 1 E, Slimani (60e) ; 3 B, Lopez (7e, 13e, 20e) ; 1 T, Lopez (60e).
Remplacements : 46e : Baille par Chiocci **(5),** Atonio par Slimani **(6)** ; 57e : Serin par Machenaud **(5)** ; 63e : Chouly par Goujon ; 72e : Lopez par Doussain, Vahaamahina par Iturria, Lamerat par Huget, Guirado par Maynadier.
Cartons : Aucun.
Entraîneur : G. Novès.

« On les avait dans le viseur »

Le vestiaire de l'équipe de France était tristement calme après sa défaite étroite à Twickenham. Les Bleus regrettaient d'être passés si près de battre les Anglais chez eux.

C'est une salle de réception immense, au premier étage de Twickenham. Guilhem Guirado, en costume officiel noir, discute avec un autre capitaine d'équipe de France, Thierry Omeyer. Le handballeur trouve-t-il les mots pour rebooster Guirado ? Dans les vestiaires, après un discours long et précis de Guy Novès, le talonneur a parlé à ses coéquipiers. *« Je leur ai dit que chacun avait fait sa connerie, moi en tête. Quand on se prépare aussi fort, aussi intensément, c'est difficile de perdre après être passé aussi près. »* L'ambiance est très calme, quasiment silencieuse. *« Il n'y avait pas d'énervement, de cris, comme lorsque tu as été ridicule »*, souffle Gaël Fickou. Le pilier gauche Cyrille Baille, quatrième sélection, souligne : *« Guilhem nous a parlé vrai, nous a remonté le moral. »* Quelques minutes après la défaite, Guirado avait conduit le tour d'honneur lugubre de son équipe. *« Quelle frustration, ce tour*, soupire Fickou. *Tout le monde te dit bravo. O.K., mais tu as perdu... »* Yoann Maestri, son coéquipier toulousain, n'a pas voulu voir ça : *« La prochaine fois que j'effectuerai un tour d'honneur, on aura gagné. Il y a de la colère, bien sûr. On était venus à Twickenham pour faire quelque chose. »* Maestri caresse une marque rouge sur son cou, ajoute : *« On les avait dans le viseur... C'est rare de voir les Anglais comme ça, menés à domicile. »*

Chouly : « Le groupe est têtu, il va avancer »

Un peu plus loin, dans cette zone mixte où l'on se bouscule, Damien Chouly, presque dix ans de sélection, râle. À sa manière, sans élever la voix. Il n'a pas entendu Maestri, mais l'imite : *« Ce n'est pas tous les ans qu'on est en position de gagner à Twickenham. C'est rare qu'on ait les Anglais au bout du fusil, comme ça. Quand c'est le cas, il ne faut pas hésiter à tirer ! Mais ce groupe est têtu, je ne le dis pas pour faire plaisir, j'en ai la conviction. Il va avancer. »* On taquine Chouly, annoncé plus vieux que M. Gardner, l'arbitre australien d'hier. *« Faux ! J'ai trente et un ans, il a un an de plus que moi. »* Il sourit, un peu, mais parle encore d'une *« immense déception »*. Camille Lopez emploie une expression proche : *« Énorme déception. »* L'ouvreur clermontois raconte : *« Quand on est montés dans le bus à Richmond, c'était pour gagner à Twickenham. Il y en a marre de parler de positif après les défaites. Ça me fout les glandes. »* Dans la bouche de Guy Novès, ça donne : *« J'ai les boules. »*

ARNAUD REQUENNA,
***L'ÉQUIPE* du 5 février 2017**

Le deuxième-ligne à la Rose James Haskell percute le courageux Camille Lopez (au sol) en fin de match.

Le Chardon pique de nouveau

L'effet de son coach Vern Cotter est palpable sur l'Écosse, rattrapée puis dépassée par l'Irlande à Murrayfield, mais finalement victorieuse.

Duel à très haute altitude entre l'Écossais Richie Gray et l'Irlandais Ultan Dillane.

Il y a quelque chose de de plus léger dans l'atmosphère de Murrayfield. À la mi-temps (21-8), grisé par les trois essais en rafale de son équipe (Hogg, 9e et 21e ; Dunbar, 29e), un spectateur écossais a sorti sa fiole, s'est tourné vers la tribune de presse, a posé quatre gobelets de métal sur la table de bois et a partagé le breuvage national avec quelques journalistes. Persuadé que le quinze du Chardon avait les moyens de conserver sa confortable avance (21-8) jusqu'au bout.

Cette victoire contre une ambitieuse Irlande vaut tous les messages. Parce que, après une entame rêvée, les hommes de Vern Cotter ont semblé au bord de la rupture, agressés par *« l'augmentation de l'intensité dans les déblayages et dans les ballons portés »*, analysait l'entraîneur néo-zélandais. Les coups de boutoir verts ont mis au supplice les locaux et, à l'heure de jeu, les joueurs de Joe Schmidt avaient remonté leurs treize points de handicap (21-22). C'est là que l'Écosse a su montrer qu'elle avait évolué. Comment ? Cotter : *« On a réglé des problèmes en mêlée et on a mis du cœur en défense pour rattraper quelques situations difficiles. »* Témoin, ces deux gestes d'urgence de Sean Maitland, une interception dans ses 22 mètres sur un contre irlandais (58e), puis un plaquage pour faire glisser en touche Rob Kearney juste avant la ligne d'en-but (59e). Sans se décourager, l'Écosse a retrouvé des couleurs dans les dix dernières minutes et réinvesti le camp irlandais, pour obtenir les deux pénalités sur lesquelles Greig Laidlaw n'a pas tremblé (73e, 80e).

AURÉLIEN BOUISSET,
***L'ÉQUIPE* du 5 février 2017**

CLASSEMENT

	ÉQUIPES	Pts	J.
1	GALLES	4	1
2	ECOSSE	4	1
3	ANGLETERRE	4	1
4	FRANCE	1	1
5	IRLANDE	1	1
6	ITALIE	0	1

Italie-pays de Galles : 7-33

Le réveil gallois

Le quinze du Poireau patauge pendant tout une mi-temps, subissant la furia italienne (essai de Gori après une merveille de passe aveugle de Parisse, 29e). Menés 7-3 à la pause, les Gallois ont alors une idée de génie : tenter les pénalités. Pas bête quand on compte Leigh Halfpenny dans ses rangs… Comme les fautes pleuvent sur les Italiens (15 contre 5), le buteur de la Principauté se régale (18 points, à 7 sur 8). La défense italienne s'effrite, encaissant deux essais, puis un troisième en toute fin de match par George North (79e).

CLÉMENT DOSSIN,
***L'ÉQUIPE* du 6 février 2017**

Au goût d'avants

Au Stade de France, les Bleus, englués dans un rugby offensif brouillon, se résignent en fin de match à s'appuyer sur la puissance de leur pack pour renouer enfin avec le succès.

Et peu après l'heure de jeu, Philippe Saint-André a bondi sur son siège ! Pensez, la France venait d'enchaîner pénaltouche écossaise contrée, mêlée dévastatrice, groupé pénétrant sur vingt mètres et re-pénaltouche conquérante pour remonter tout le terrain et envoyer Lamerat déglinguer la ligne de défense façon Bastareaud. Bon, M. Peyper allait refuser l'essai pour un en-avant dans l'en-but – quasiment la routine pour cette équipe de France d'une épuisante inefficacité –, mais, enfin, l'ex-sélectionneur avait retrouvé là l'essentiel du restrictif et hyper réaliste plan de jeu honni par la France entière au sortir de la Coupe du monde 2015.

Conquête, puissance, ambitions circonscrites à un jeu à une passe ou guère plus, pas de doute : il y avait dans cette séquence qui allait amener le but libérateur de Lopez (19-16, 72e), pour un ballon gaillardement gratté au sol par Machenaud, beaucoup du rugby d'avant, celui qui commence devant et qui finit devant, et qui permet d'assurer l'essentiel quand un sparadrap du genre de l'Écosse vous colle à l'os.

Le public du Stade de France, resté jusqu'alors indifférent à l'enchaînement des tours de passe-passe ratés par une bande de magiciens en panne d'inspiration, y alla enfin de ses encouragements : *« Poussez, poussez ! »* Au moins le message était clair, il fallait que ça gagne et peu importe comment. Voilà qui est fait, mais comme le remarquait un confrère qui ne manque pas de nez : *« Après les défaites encourageantes, c'est ce qu'on peut appeler une victoire décourageante... »*

C'est que les Tricolores ont mis les bouchées doubles dans le secteur des retards au soutien, en-avant coupables et gourmandises variées. Mais comme l'Écosse n'est pas l'Angleterre, une performance moins maîtrisée qu'à Twickenham permit à la France de l'emporter enfin au terme d'un match brouillon et même soporifique près d'une heure durant. Et si l'on put, dans la banlieue londonienne, regretter les essais envolés en chemin, on en chercherait vainement plus de deux, dans la banlieue parisienne, jusqu'au salvateur hoquet de pragmatisme de l'heure de jeu.

Les errances défensives de Vakatawa

Portée par le jeu au pied d'un Camille Lopez solide face aux perches, à défaut de peser sur la stratégie de l'ensemble, la France avait surtout eu le mérite de ne pas se laisser décrocher et de répondre à l'essai de Hogg (3-5, 17e) – dans le désert défensif laissé par un Vakatawa qui ferait bien de jouer au rugby entre deux sélections – par un essai de Fickou bien amené, sur un ballon égaré en chemin par Watson (13-5, 31e). Heureusement, en face, l'intrépide Finn Russell, sorti sonné de Murrayfield contre l'Irlande et encore à côté de ses pompes, allait accumuler les approximations et passer près de décapiter Louis Picamoles sur la tentative de transformation de l'essai au pied des poteaux de Swinson (13-16, 44e) après

Gaël Fickou plonge malgré Stuart Hogg pour aplatir le seul essai tricolore de la journée (13-5, 31e).

La première ligne française formée par Rabah Slimani, Christopher Tolofua et Xavier Chiocci désosse le pack écossais sur une mêlée fermée dans les ultimes minutes.

« Bien qu'on ait gagné, on n'a jamais réussi à mettre notre jeu en place. Contre l'Australie, la Nouvelle-Zélande et l'Angleterre, on avait bien joué et perdu à la fin, mais, honnêtement, j'avais pris plus de plaisir qu'aujourd'hui. »

SCOTT SPEDDING, arrière sincère de l'équipe de France.

une nouvelle errance défensive du fantomatique Vakatawa. Heureusement, surtout, les Écossais manquaient trop de force et de profondeur de banc pour résister à la rentrée de Rabah Slimani et Xavier Chiocci en mêlée fermée, l'un des rares secteurs productifs français, ou du robuste Maxime Machenaud derrière celle-ci. Heureusement, enfin, la puissance supérieure du pack tricolore avait permis d'envoyer Laidlaw, Barclay, Hardie et Brown à l'infirmerie pour le compte.

Oui, on sait, c'est moche de procéder ainsi par élimination, mais enfin il y a des fois où il ne faut pas trop regarder sur les moyens. Le terrain ainsi déblayé, l'équipe de France put s'offrir la petite bouffée d'oxygène d'un « triomphe » de six points – son plus gros écart dans le Tournoi sous l'ère Novès, c'est dire. Reste à savoir si cette victoire au petit pied permettra de comprendre pourquoi une équipe de France faite pour concasser un adversaire en mal de puissance a passé une heure à jouer à contre-sens. Pourquoi, en somme, sélectionner un pack de bisons et vouloir lui faire danser le menuet en tutu quand la ligne droite constitue d'évidence son seul salut ?

PIERRE MICHEL BONNOT, *L'ÉQUIPE* du 13 février 2017

FRANCE	13	**22**
ECOSSE	11	**16**

Arbitre : M. Peyper (AFS). **Stade de France.** 75 283 spectateurs.

FRANCE

Réalisations : 1 E, Fickou (31e) ; 5 B, Lopez (7e, 20e, 47e, 72e, 77e) ; 1 T, Lopez (31e).

Remplacements : 45e : Atonio par Slimani **(6)** ; 53e : Vakatawa par Huget ; 56e : Serin par Machenaud ; 60e : Baille par Chiocci, Goujon par Chouly, Maestri par Le Devedec ; 72e : Guirado par Tolofua. **Temporaire** : Goujon par Chouly (45e-48e).

Cartons : Aucun.

Sélectionneur : G Novès.

ECOSSE (BONUS DÉFENSIF)

Réalisations : 2 E, Hogg (17e), Swinson (44e) ; 2 B, Russell (36e, 39e).

Remplacements : 25e : Laidlaw par Price **(5)** ; 36e : Barclay par Hardie ; 41e : Hardie par Swinson **(5)** ; 45e : Dell par Reid ; 60e : Z. Fagerson par Berghan ; 67e : F. Brown par Ford ; 75e : Russell par Weir. **Temporaire** : Dunbar par Bennett (57e-62e).

Cartons : Aucun.

Sélectionneur : V. Cotter (NZL).

Pause futée

C'est à la mi-temps que les Tricolores ont pris conscience de la nécessité, pour dompter l'Écosse, de passer à un rugby moins romantique et plus terre-à-terre.

Pris par Fraser Brown devant Greig Laidlaw, le troisième-ligne des Bleus Loann Goujon tente une passe après contact.

« *Il y a eu une prise de conscience à la mi-temps*, confie Yannick Bru, l'entraîneur des avants français. *Les joueurs se sont rendu compte par eux-mêmes qu'on était fragiles sur les zones de ruck et sur les extérieurs. On a senti qu'on ne pouvait pas miser sur la note artistique pour s'en sortir. Les Écossais avaient une stratégie très claire dans les rucks, avec un assistant plaqueur à la très fine limite de la faute. Ils savaient qu'on voulait produire du jeu et ils ont voulu casser cette envie-là. On est revenus à des choses plus pragmatiques. Le rugby est un sport d'intelligence, où il faut prendre les bonnes décisions.* »

Une action illustre ce changement de stratégie, juste avant que la France ne reprenne l'avantage au score (72e). Sur une touche écossaise à la limite des 22 mètres tricolores, les Bleus repoussent sans ménagement le maul adverse. Sur la mêlée obtenue, ils enfoncent leurs vis-à-vis et récupèrent une pénalité qui les renvoie dans l'autre camp. Après la touche qui suit, ils déroulent un ballon porté sur une vingtaine de mètres qui leur permet, quelque temps de jeu plus tard, de gagner une pénalité. Trois rapports de force d'affilée, trois combats gagnés. Et une équipe d'Écosse dans les cordes, saoulée de coups. Les Français se sentent si forts à ce moment-là qu'ils refusent les deux premières pénalités en bonne position qui pourraient les faire passer devant au score. Ils optent d'abord pour une pénaltouche, puis pour une mêlée à dix mètres de la ligne adverse. « *La première, Camille* (Lopez) *ne la sent pas*, témoigne Guirado. *La deuxième, c'est parce qu'on se sent forts en mêlée et qu'on pense marquer. Je me suis souvenu que, contre l'Irlande* (10-9), *en 2016, on avait renversé le score en prenant une décision identique.* »

Louis Picamoles abonde : « *On a senti l'équipe têtue. On était tous d'accord pour prendre cette décision. Et ça, c'est fort.* » En tribunes ou sur le banc, Guy Novès et ses adjoints auraient pu prendre une autre décision, mais ils n'en ont pas eu le temps. « *Guilhem avait fait son choix avant que les infos ne lui arrivent du banc*, révèle Bru. *Sur certaines pénalités, on a très clairement demandé les trois points au début du match, car on sentait que notre équipe avait besoin d'être devant au score pour se libérer. Mais, dans le money time, c'est vraiment Guilhem qui sentait le mieux le pouls de l'équipe.* » Et, à ce moment-là, il battait fort pour du jeu direct, dénué de tout romantisme.

LAURENT CAMPISTRON,
***L'ÉQUIPE* du 13 février 2017**

Insubmersible Angleterre !

Bousculé, le quinze de la Rose trouve les ressources pour s'imposer sur le fil à Cardiff. Et s'affirme comme le grand favori du Tournoi.

À dix minutes de la fin, les Gallois, vaillants, inspirés, défendaient comme des affamés leurs cinq points d'avance (16-11). Ça n'était pas énorme, mais le quinze du Poireau était allé chercher cette marge avec les tripes, en se remettant d'un début de match raté, après l'essai de de Ben Youngs (3-8, 18e). *« Ils nous ont beaucoup gênés, ils se jetaient sur chaque ballon, ils nous empêchaient d'attaquer correctement »,* reconnaissait le capitaine anglais, Dylan Hartley. Voilà pour l'investissement défensif gallois, symbolisé par 181 plaquages pour les 22 joueurs utilisés par Rob Howley. Côté offensif, les Gallois avaient su surprendre les Anglais sur une superbe combinaison derrière une mêlée, avec un Scott Williams utilisé comme leurre pour permettre à Liam Williams, funambule, de se glisser jusqu'à l'en-but (38e, 13-8).

Le Gallois Biggar aurait pu tuer le match

Mais l'inspiration et l'acharnement n'ont pas suffi. Comme contre la France à Twickenham (19-16), la fin de match a encore fait la différence. Les Anglais ont d'abord frôlé le pire, quand le Gallois Dan Biggar a intercepté sur sa ligne des 5 mètres une passe de Youngs, mais a manqué de jambes pour rallier l'autre bout du terrain (65e). Puis ils ont su réduire l'écart, par le pied d'Owen Farrell (70e, 16-14). Et porter le coup fatal quand les Gallois croyaient s'en être sortis. Après avoir volé un ballon au sol près de leur ligne, les gars de la Principauté espéraient respirer. Mais le dégagement de Jonathan Davies ne trouvait pas la touche. Et en deux passes, de Ford et de Farrell, Daly trouvait l'énergie nécessaire pour faire passer les siens devant (76e, 16-21). Voilà l'Angleterre à seize victoires de rang.

AURÉLIEN BOUISSET,
L'ÉQUIPE **du 12 février 2017**

Nathan Hughes, le troisième-ligne centre anglais, hurle de joie après l'essai de la victoire de Daly (16-21, 76e).

Italie-Irlande : 10-63

Vacances romaines

Les Irlandais humilient les Transalpins au stade Olympique, décrochant leur plus large victoire à Rome depuis l'entrée de l'Italie dans la compétition en 2000. Avec neuf essais, les joueurs de Joe Schmidt inscrivent du même coup le premier bonus offensif de l'histoire des Six Nations. Ils n'auront d'ailleurs mis que trente-cinq minutes à décrocher ce point supplémentaire, bien aidés, il est vrai, par la fragilité défensive de leurs adversaires (37 plaquages ratés)...

QUENTIN THOMAS,
L'ÉQUIPE **du 12 février 2017**

CLASSEMENT

	ÉQUIPES	Pts	J.
1	ANGLETERRE	8	2
2	IRLANDE	6	2
3	GALLES	5	2
4	FRANCE	5	2
5	ÉCOSSE	5	2
6	ITALIE	0	2

Pas chère, la leçon

Dominés à Dublin par des Irlandais remarquables d'équilibre et d'assurance, les Bleus peuvent s'estimer heureux de ne pas avoir perdu plus largement.

Bernard Le Roux se saisit d'un ballon en touche expédié par Guilhem Guirado (à droite). Mais la France s'est vue deux fois contrée dans l'exercice à l'Aviva Stadium.

Juste après la mi-temps, une joyeuse averse est venue nettoyer les cieux pastel d'Erin et on s'est dit qu'il n'y avait pas que sur les parapluies des Dublinois que ça risquait de tomber dru. Forcément, quand une équipe traîne sa peine en conquête, qu'elle semble avoir oublié les quelques acquis offensifs laborieusement accumulés et qu'elle rend trop vite les rares ballons que son application défensive est parvenue à grappiller, on est amené à se demander à combien va s'élever l'addition à la fin du match.

Oui, la seule bonne nouvelle au terme de cette nouvelle désillusion, c'est que l'équipe de France n'a pas pris la marée. Elle le doit à un courage et à un investissement défensif qui sont la moindre des choses à ce niveau. Mais si elle s'est finalement inclinée de seulement dix points – sa plus lourde défaite tout de même face au Trèfle depuis que le Tournoi est passé à six nations, en l'an 2000 –, c'est surtout que les hommes du Néo-Zélandais Joe Schmidt sont des champions du genre parcimonieux et particulièrement opiniâtre.

« Écoutez, ces Irlandais, ce sont des exemples, s'enflammait le grand Éric Champ dans *L'Équipe*, il y a quelques jours. *Avec pas beaucoup, ils font des trucs énormes. Avec deux mauvais rouquins qui ont des boutons de partout, ils sont toujours en train de monter des équipes qui nous fracassent. »* Si la cosmétique anti-acnéique a fait des progrès depuis la fin des années 1980, les Irlandais sont toujours les mêmes furieux. Et toujours au taquet. D'homme à homme, ils ne sont pas foncièrement meilleurs que les Français. La différence, c'est qu'ils le savent et qu'ils l'acceptent. À force de combinaisons huilées, de retours intérieurs prudents uniquement destinés à éviter les talents supposés du contre français, de jeu au pied librement consenti et superbement ajusté et de ce rugby à une passe qui vaut toujours mieux que certaines fantaisies à dix transmissions et un en-avant de l'attaque bleue, ils sont capables de donner, match après match, le meilleur d'eux-mêmes et de se bâtir le flatteur palmarès qui va avec.

Du haut des falaises de l'Aviva Stadium, le contraste fut saisissant entre la limpidité antique de « combines » irlandaises patinées à l'or fin et la précipitation de chacun dans l'embrouillamini d'un plan de jeu tricolore directement inspiré de la salade de spaghettis vieux rose qui orne les maillots de l'équipe de France. Et ce choc visuel donnait une idée assez précise de ce qui sépare une nation parvenue au quatrième

2

C'est le nombre d'essais inscrits par la France lors de ses trois premiers matches dans le Tournoi...

13

Le nombre de pénalités concédées par l'équipe de France à Dublin, dont trois pour le seul Bernard Le Roux. L'Irlande, elle, n'a été pénalisée que huit fois.

Chandelle de Jonathan Sexton. Comme souvent, l'Irlande s'est appuyée sur la précision au pied de son ouvreur.

Prise en touche de Charles Ollivon, gêné (mais dans le respect de la règle) par Devin Toner.

Gaël Fickou tente une relance, encouragé par son compère de l'aile Yoann Huget.

rang mondial à force de lucidité, de travail et de continuité dans ses choix, de la France, nation de deuxième zone (8e), bien loin, à Dublin, de pouvoir prétendre accrocher un sixième succès sur l'une des six nations majeures en trente-trois confrontations depuis l'incongrue finale de la Coupe du monde 2011 perdue en Nouvelle-Zélande (7-8).

Un essai refusé à Lamerat, et puis plus rien

Et encore, Guilhem Guirado et les siens évitèrent sans doute le pire lors de la deuxième partie du match.Soit entre la… dix-huitième minute, où Rémi Lamerat se vit refuser un essai pour en-avant de Fickou sur la seule véritable occasion bleue, et la soixante-treizième minute, lorsque la France, après avoir entassé six points pour prix d'une entame plutôt bien tempérée, en encaissa seize de rang sans en rendre un seul. Dans un bref accès d'irrespect qui ne lui ressemble pas, l'Irlande ne fut pas loin d'inscrire juste avant la mi-temps, sur une paire de pénaltouches, un deuxième essai en six minutes qui aurait pu donner à cette défaite des proportions vraiment embarrassantes. La défense tricolore, à la limite du carton jaune pour fautes répétées, sauva alors l'essentiel.
Mais si la fin de match « under control » des Irlandais permit à la France et à son banc de luxe, supposé faire basculer le match, d'entretenir l'illusion, il y avait un moment déjà que le match de référence dont elle rêvait était destiné à sombrer dans l'indifférence des défaites sans joie. *« Nous croyons en nos joueurs, les joueurs croient dans le projet de jeu, et on s'est préparés comme jamais »*, avait prévenu Guy Novès dans la semaine. Et c'est bien ce qui fout la trouille.

PIERRE MICHEL BONNOT,
L'ÉQUIPE du 26 février 2017

Irlande	7	**19**
France	6	**9**

Arbitre : M. Owens (GAL). **Aviva Stadium.** 52 000 spectateurs.

Irlande

Réalisations : 1 E, Murray (30e) ; 3 B, Sexton (45e, 55e), Jackson (76e) ; 1 D, Sexton (50e) ; 1 T, Sexton.
Remplacements : 51e : R. Kearney par Trimble ; 60e : J. McGrath par Healy, D. Ryan par Henderson ; 68e : O'Brien par P. O'Mahony, R. Best par R. Scannell ; 69e : Sexton par Jackson ; 74e : Furlong par J. Ryan ; 78e : Murray par Marmion.
Carton : aucun.
Entraîneur : J. Schmidt.

France

Réalisations : 3 B, Lopez (12e, 19e, 74e).
Remplacements : 51e : Slimani par Ben Arous, Baille par Atonio, Vahaamahina par Le Devedec ; 60e : Le Roux par Ollivon, Lamerat par Chavancy ; 62e : Serin par Machenaud, Guirado par Tolofua ; 74e : Spedding par Camara.
Carton : aucun.
Entraîneur : G. Novès.

Le beau jeu s'en est allé

À l'Aviva Stadium, les Tricolores sont redevenus des joueurs ordinaires et peu inspirés offensivement. Des carences individuelles et un défaut de maîtrise qui inquiètent...

Les promesses nées de la tournée en Argentine de juin 2016 et des tests de novembre, ainsi que l'illusion de rugby enchanteur ramenée de la défaite en Angleterre (19-16) ont disparu. Où sont passées les attaques tranchantes et mouvements au large observés cet automne face à l'Australie (23-25) et la Nouvelle-Zélande (19-24) ? À Dublin, on a cru revoir les rares forces et nombreuses faiblesses des Bleus d'avant, ceux de l'ère précédente. Une défense de très haut niveau, capable de résister aux assauts irlandais avec un cœur énorme. Mais aussi des en-avants à profusion, des ballons perdus (quinze au total)... La grande pauvreté dans l'animation offensive a heurté, tout comme le manque flagrant d'alternance entre jeu à la main et au pied. *« Dans le vestiaire, certains de ceux qui ont disputé la dernière Coupe du monde ont dit que ce match en Irlande leur avait rappelé le match perdu face au même adversaire* (24-9, en octobre 2015) », confie le trois-quarts centre Rémi Lamerat. Les Bleus auraient-il régressé ?

L'impression naît aussi des performances individuelles déclinantes de la plupart des joueurs, de ces ballons relâchés sous les chandelles par l'arrière Scott Spedding, de ces en-avants grossiers du flanker Bernard Le Roux, de cet entêtement de la charnière à enchaîner les temps de jeu, même sur le reculoir, plutôt que de varier au pied. *« On est juste en train de comprendre le chemin qu'il reste à accomplir pour rivaliser avec des équipes comme ça. Chaque joueur doit progresser »*, reconnaît le sélectionneur Guy Novès. Il y a ce sentiment, aussi, que cette équipe de France recule de deux pas à chaque fois qu'elle essaie d'avancer d'un en ajoutant un paramètre technique ou tactique à son système de jeu. Comme si les Bleus ne maîtrisaient pas encore suffisamment leur projet initial pour s'embarrasser à le développer.

Il y a toujours un grain de sable pour gripper la machine. Le détail, c'est ce que retient le deuxième-ligne Yoann Maestri. Qui constate amèrement que son équipe stagne, enfin, en matière d'indiscipline. *« À Twickenham, en début de Tournoi, on avait été pénalisés quinze fois*, dit-il. *Ici, c'est treize. C'est beaucoup trop, parce que, face à de tels adversaires, ça coûte trois points ou des pénaltouches qui te soumettent à une pression terrible. Ces matches ressemblent à une demi-finale ou une finale de Coupe d'Europe. Ce sont des matches très tendus dont la discipline doit être la base. »*

RENAUD BOUREL et LAURENT CAMPISTRON,
***L'ÉQUIPE* du 26 février 2017**

Yoann Maestri ne perce pas le coffre-fort irlandais. Les pilonnages français au ras n'ont jamais déstabilisé leur adversaire.

La filouterie italienne

À Twickenham, les Anglais frôlent la crise de nerfs, face au refus de leur adversaire de batailler dans les rucks. Ils ne menaient que 17-15 à dix minutes de la fin !

Percuté par Venditti, l'ailier anglais May chute. Les Italiens, fidèles à leur tactique, ne disputeront pas le ballon au sol.

Eddie Jones qui hurle en tribunes, Dylan Hartley qui demande des explications à l'arbitre... Les Anglais ont longtemps eu l'air perdu sur le terrain. « *Je suis arbitre, pas coach* », a même répondu le Français Romain Poite au troisième-ligne James Haskell, qui venait essayer de trouver une solution au problème posé par les Italiens. Pendant plus de soixante minutes, ces derniers n'ont pas disputé les rucks quand les Anglais avaient le ballon. Conséquence : n'étant pas considérés hors jeu, les partenaires de Sergio Parisse pouvaient se glisser dans la ligne d'attaque anglaise, de préférence entre Care et Ford, qui composent la charnière.

« *Il y avait des maillots bleus partout et tout le temps*, souriait Eddie Jones après le match. *On aurait dit qu'ils étaient vingt-trois sur le terrain. Je ne critique pas... Les Italiens ont fait ce qu'ils devaient faire pour exister, mais ce n'était pas du rugby.* »

La veille, le sélectionneur de l'Italie Conor O'Shea avait expliqué à Romain Poite la stratégie que ses hommes allaient mettre en place. « *Il m'a demandé: "C'est bon pour vous?"*, explique l'arbitre français. *J'ai émis un seul bémol, à propos du demi de mêlée. Ils pensaient qu'ils pouvaient le plaquer, mais non : on peut intervenir sur sa passe mais pas physiquement.* » Edoardo Gori a donc passé son temps à couper les lignes de passe de son vis-à-vis, Danny Care. « *La solution, avancer dans l'axe, les Anglais l'ont trouvée et appliquée au retour des vestiaires* », s'amuse Romain Poite. Au total, les joueurs locaux vont marquer six essais, dont trois dans les dix dernières minutes.

DOMINIQUE ISSARTEL,
***L'ÉQUIPE* des 27 et 28 février 2017**

Écosse-pays de Galles : 29-13

Des Gallois écossés vifs

Habituée à perdre fièrement, l'Écosse remporte à Murrayfield son premier succès face au pays de Galles depuis 2007. Après une mi-temps passée à subir le rythme et la rudesse adverses (9-13 à la pause), le Chardon fait apprécier le tranchant de ses attaques, giflant le pays de Galles d'un 17-0 en vingt-cinq minutes. Dans l'affaire, il doit beaucoup à son troisième-ligne Hamish Watson, précieux dans l'avancée et tenace dans les rucks.

Les joueurs de Vern Cotter figurent désormais à une étonnante cinquième place au classement mondial.

LUC FOLLIET,
***L'ÉQUIPE* du 26 février 2017**

Le deuxième-ligne écossais Richie Gray sonne la charge.

Classement

	ÉQUIPES	Pts	J.
1	ANGLETERRE	13	3
2	IRLANDE	10	3
3	ÉCOSSE	9	3
4	GALLES	5	3
5	FRANCE	5	3
6	ITALIE	0	3

Modeste triomphe

Si l'équipe de France empoche à Rome la première victoire bonifiée de son histoire dans le Tournoi, elle ne rassure toujours pas quant à son fonds de jeu.

Dans la moyenne des pensums ordinaires entre les deux nations en matière de rythme, de suspense et d'imprécision technique, ce match ajouta à la confusion créée par la résurgence sporadique de rucks fantômes les scories d'un plan de jeu tricolore prétentieux. À la mi-temps, Guy Novès regretta certaines passes *« qui correspondent à un geste qu'on travaille au cirque »*. Mais on n'est pas certain que Virimi Vakatawa, incapable d'assurer d'entrée une passe au contact dont les Italiens allaient faire un festin en contre (5-0, Parisse), ni de courir comme le premier Fidjien venu pour assurer l'essai en début de deuxième mi-temps, réussirait l'examen d'entrée au cours préparatoire des otaries jongleuses.

Alors, bien sûr, l'intrépide Virimi a encore inscrit un essai contre un adversaire de deuxième zone (11-26, 48e) et l'équipe de France a assuré à huit minutes de la fin le premier bonus offensif (quatrième essai) de son histoire dans le Tournoi face à une défense qui a raté la somme extravagante d'un plaquage sur deux. Bien sûr, le pire a été évité. D'abord et surtout grâce au couple « mêlée fermée-buteur » qui fait les beaux jours des leaders de divisions inférieures et provoque les haussements d'épaules des penseurs du mouvement perpétuel. Seulement, malgré un foudroyant essai conclu d'une demi-feinte de sourcil par Gaël Fickou derrière une relance de Brice Dulin (8-13, 21e) et une ultime réalisation joliment bricolée par Nakaitaci en bout de ligne pour le même Dulin (11-40, 72e), on voit bien que toute l'affaire tourne en rond. Ou plutôt qu'elle ne tourne toujours pas rond sitôt franchi le premier rideau adverse. Pas assez de vitesse de pattes au soutien, pas assez de précision gestuelle, pas assez de sang-froid, pas assez de simplicité ; on ne finirait pas de faire le décompte des bons coups enfumés dans le sillage des Lamerat, Fickou ou Serin.

Ce dernier fut élu homme du match. Pourquoi pas ? Pour ce qu'il avait apporté d'enthousiasme désordonné et d'implication constante, pour l'inefficacité de chacune de ses braves percées au cœur des regroupements désertés par la défense italienne, il était en tout cas représentatif d'une équipe qui n'en finit pas de décevoir sans même parvenir à exaspérer tout à fait...

PIERRE MICHEL BONNOT, *L'ÉQUIPE* du 12 mars 2017

Brice Dulin mobilise à lui seul trois défenseurs italiens (de gauche à droite : Bronzoni, Steyn et Esposito) sur cette belle percée.

ITALIE 11 **18**
FRANCE 16 **40**

Arbitre : M. O'KEEFFE (NZL). **Stadio Olimpico.** 45 000 spectateurs.

4 VENDITTI – 4 A. STEYN – 3 LOVOTTI – 6 SLIMANI – 6 GOURDON – 6 NAKAITACI
4 McLEAN – 4 GORI – 5 FUSER – 4 MAESTRI – 6 LOPEZ – 7 FICKOU
5 PADOVANI – 7 PARISSE (CAP.) – 5 GHIRALDINI – 6 GUIRADO (CAP.) – 7 PICAMOLES – 6 DULIN
4 CAMPAGNARO – 5 CANNA – 6 VAN SCHALKWYK – 5 LE DEVEDEC – 7 SERIN – 5 LAMERAT
4 ESPOSITO – 6 FAVARO – 4 CITTADINI – 5 BAILLE – 5 SANCONNIE – 4 VAKATAWA

ITALIE
Réalisations : 2 E, Parisse (3e), Esposito (80e) ; 2 B, Canna (17e, 29e) ; 1 T, Canna (80e).
Remplacements : 41e : Cittadini par Chistolini ; 51e : Gori par Bronzini, Favaro par Mbanda ; 57e : Fuser par Biagi ; 62e : Ghiraldini par D'Apice ; 65e : Campagnaro par Benvenuti ; 67e : Lovotti par Panico ; 73e : Padovani par Sperandio.
Aucun carton.
Sélectionneur : C. O'Shea (IRL).

FRANCE (BONUS OFFENSIF)
Réalisations : 4 E, Fickou (21e), Vakatawa (48e), Picamoles (67e), Dulin (77e) ; 4 B, Lopez (9e, 19e, 34e, 44e) ; 4 T, Lopez.
Remplacements : 54e : Baille par Ben Arous, Slimani par Atonio ; 55e : Guirado par Tolofua ; 59e : Le Devedec par Jedrasiak ; 64e : Vakatawa par Huget ; 70e : Lamerat par Trinh-Duc ; 73e : Serin par Dupont ; 74e : Picamoles par Le Roux. **Aucun carton**.
Sélectionneur : G. Novès.

53

Le nombre de plaquages ratés par l'équipe d'Italie, record international (depuis 2010). À lui seul, l'ailier Venditti en a manqué quatre sur cinq tentés !

Voici les All Whites !

Le centre Jonathan Joseph, adepte de la technique du ballon tenu à une main et auteur de trois essais à Twickenham.

Le capitaine anglais Dylan Hartley tient avec fierté la Calcutta Cup, dont les anses représentent des cobras royaux.

Les Anglais écrasent l'Écosse à Londres, remportent le Tournoi 2017 et égalent la série record de la Nouvelle-Zélande en 2016 (18 victoires).

En brandissant la Calcutta Cup, la géante théière argentée qui récompense le vainqueur des matches entre l'Angleterre et l'Écosse depuis 1879, Dylan Hartley, capitaine et talonneur du quinze de la Rose, ne se prend pas pour le meilleur du monde. Pourtant, son équipe, humiliée lors de la Coupe du monde 2015 organisée sur son sol (élimination dès les matches de poules), gagne tout depuis : 18 matches d'affilée dont trois victoires en Australie lors de la tournée de juin 2016 et neuf en suivant dans le Tournoi (Grand Chelem en 2016).

Le centre Jonathan Joseph a illuminé Twickenham de ses courses tranchantes pour inscrire un hat-trick (sur les sept essais anglais) et s'affirmer comme le meilleur marqueur de son équipe (11 essais lors de la série de 18 matches). L'ailier Eliott Daly, très en vue lors des trois premiers matches, s'est rapidement éteint, séché par un plaquage dangereux du talonneur écossais Fraser Brown, mais il est aussi un des symboles de l'équipe, exemple même de ces joueurs polyvalents et interchangeables que recherche Eddie Jones, le sélectionneur invaincu. *« On a été chirurgicaux*, expliquera Hartley. *On a parfaitement exécuté nos attaques en première main, derrière nos touches et nos mêlées. Mais j'ai l'impression qu'il nous reste encore tant à apprendre... Si l'on se sent à hauteur des All Blacks avec nos 18 victoires ? Non. Au classement mondial, ils sont premiers et nous deuxièmes. On veut cette première place, mais on n'en est pas encore là. »*

DOMINIQUE ISSARTEL,
***L'ÉQUIPE* du 12 mars 2017**

Pays de Galles-Irlande : 22-9

Galles se régale

À l'issue d'un face-à-face équilibré, le pays de Galles s'offre le scalp de son visiteur au Trèfle, privé de son ouvreur vedette Jonathan Sexton durant vingt minutes (protocole commotion, 19e, puis carton jaune, 38e) et de son demi de mêlée Conor Murray (blessure au biceps gauche) durant presque toute la seconde période. Bien cornaqués par leur numéro 9 Rhys Webb et portés par un Millennium en fusion, les Gallois prennent le large après la pause (8-6) et ne sont pas loin d'inscrire l'essai du bonus offensif en fin de rencontre par leur massif ailier George North, qui en avait déjà planté deux.

OLLIVIER BIENFAIT,
***L'ÉQUIPE* du 11 mars 2017**

CLASSEMENT

	ÉQUIPES	Pts	J.
1	ANGLETERRE	18	4
2	IRLANDE	10	4
3	FRANCE	10	4
4	GALLES	9	4
5	ECOSSE	9	4
6	ITALIE	0	4

Apothéose emmêlée

Au bout de vingt minutes de temps additionnel et de douze mêlées ordonnées, la France décroche à Saint-Denis son premier succès sur le pays de Galles depuis 2011.

On pourra trouver admirables ou grotesques, poignantes ou désolantes, les vingt minutes de temps additionnel consacrées à regarder les hommes tomber en mêlée sous le sifflet balbutiant d'un arbitre démissionnaire. Mais si l'on aime le rugby pour ce qu'il est, un combat collectif complexe et un spectacle aux émotions variées, on ne pourra que s'inquiéter pour l'avenir de la mêlée fermée, ridiculisée par le falot monsieur Barnes, mais aussi par un règlement qui permet de remplacer un pilier remplaçant plié comme un nœud pap (Atonio) à l'ultime minute du temps réglementaire par son titulaire reposé (Slimani).

On sait à quoi a tenu ce succès crispé : à l'excès de puissance du coup de pied de Warburton, expédiant au-delà de l'en-but tricolore le ballon arraché aux bras de Yoann Huget sur une attaque poussive à la soixante-dix-septième minute du match et qui permit à la France d'occuper le camp gallois les vingt-trois minutes restantes. C'est beaucoup de malchance pour une équipe galloise qui avait laissé échapper la victoire face à l'Angleterre un mois plus tôt (16-21 à Cardiff) sur un ultime dégagement en touche un poil court.

Restait à faire fructifier cette balle de match et tout le mérite de cette équipe de France, opiniâtre et solidaire, est d'y être parvenue dans la confusion de pénalités diverses, coups francs, suspicions de morsure et carton jaune (Lee) pour des Gallois réduits à quatorze durant une partie de ce voyage au bout de l'absurde réglementaire. Oui, cette équipe a de la bonne volonté et croit en ce qu'elle fait, même si, d'évidence, la conquête et la mêlée fermée sont davantage son ADN que ce jeu de mouvement dont ne cesse de se réclamer l'entraîneur adjoint Jean-Frédéric Dubois.

L'essai de pénalité était cent fois mérité

Mais ça, on le savait déjà. Comme on savait que le navrant monsieur Barnes n'est pas du genre à décider du sort d'un match dans ses ultimes minutes. Et de la même manière qu'il n'eut pas le cran de siffler contre Uini Atonio la pénalité qui aurait libéré les Gallois, il n'eut pas le courage d'accorder l'essai de pénalité que la performance finale d'une première ligne francilienne Ben Arous-Chat-Slimani aurait cent fois mérité. La philosophie de l'arbitre fut d'une simplicité biblique et d'une constance sans faille. Si les Français voulaient remporter ce match à la centième minute, eh bien qu'ils aillent se le chercher ! Et c'est ce qu'ils firent par Damien Chouly, au ras d'un énième regroupement (80e + 20), dans le juvénile sillage des Antoine Dupont et Camille Chat.

Fort bien. Ça va donner un petit coup de jeune à Guy Novès et un peu d'air à une équipe ragaillardie de sauver sa huitième place mondiale quand Philippe Saint-André, en 2012, l'avait hissée à la quatrième à l'heure du tirage au sort de la Coupe du monde. Ce qui situe l'inexorable glissement du rugby français vers des tréfonds de confusion et de médiocrité. Mais on ne sait pas si cette victoire, qui offre à la France son premier podium dans le Tournoi depuis 2011, a fait avancer les choses. Ou alors seulement en mêlée fermée et dans l'entreprise de destruction massive qui lui permit d'éliminer la deuxième ligne adverse avant le rab de mêlées fermées que l'on sait.

Car s'il y eut dix minutes proprettes pour débuter le match sur une sortie de camp sans faux col au pied, un ballon récupéré en touche où la France fit mieux que se défendre tout du long, et un essai de Rémi Lamerat sur un missile sol-sol de Lopez par-dessus le mur de briques rouges de la défense galloise (7-0, 7e), il ne se passa plus rien jusqu'à la fin du match.

La suite fut placée sous le signe d'une négligence dans le jeu au pied qui frise la suffisance tactique, d'une gourmandise dans la passe qui frôle la pédanterie et d'une imprécision dans chaque lancement de jeu qui pousse à se demander ce que ces Bleus ont bien pu travailler tout au long de ce Tournoi au confort amélioré par une nouvelle convention. En dehors de la bonne vieille mêlée fermée salvatrice de nos aïeux, s'entend.

PIERRE MICHEL BONNOT,
L'ÉQUIPE du 19 mars 2017

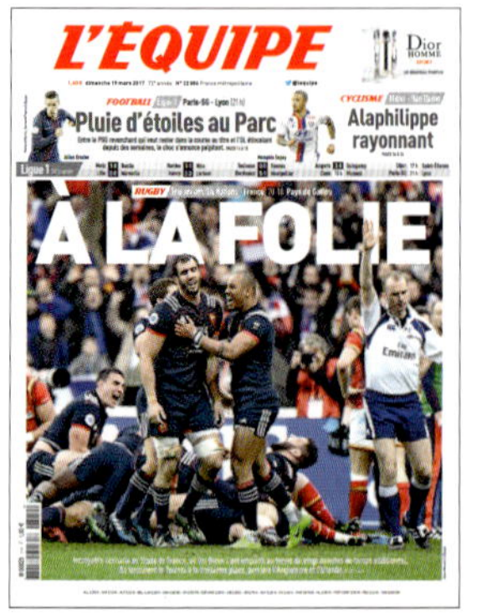
L'ÉQUIPE
FOOTBALL Paris-SG - Lyon
Pluie d'étoiles au Parc
CYCLISME
Alaphilippe rayonnant
Ligue 1
RUGBY
À LA FOLIE

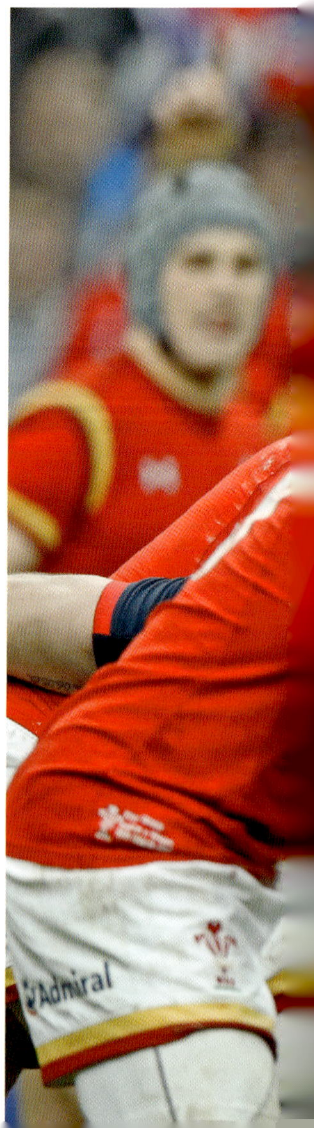

Damien Chouly cherche une solution, avec Picamoles au soutien. C'est lui qui inscrira l'essai vainqueur (80e + 20).

FRANCE	10	20
GALLES	9	18

Arbitre : M. Barnes (ANG). **Stade de France.** 78688 spectateurs.

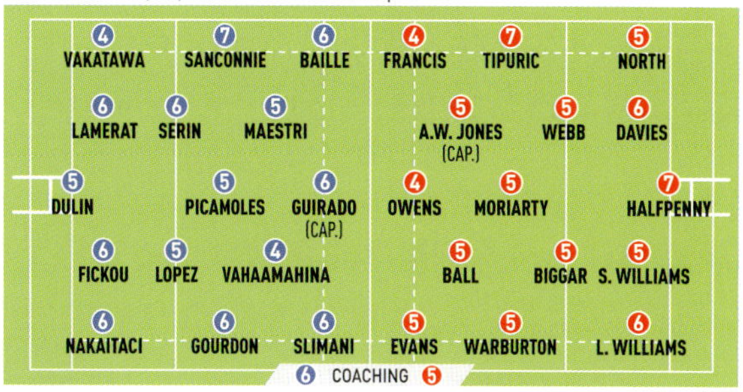

FRANCE

Réalisations : 2 E, Lamerat (7e), Chouly (80e+20) ; 2 B, Lopez (16e, 67e) ; 2 T, Lopez (7e, 80e+20).
Remplacements : 54e : Vakatawa par Huget **(5)** ; 55e : Baille par Ben Arous **(6)**, Slimani par Atonio, Sanconnie par Chouly **(6)** ; 66e : Lamerat par Trinh-Duc **(4)** ; 72e : Serin par Dupont **(7)**, Guirado par Chat **(6)** ; 78e : Vahaamahina par Le Devedec ; 80e : Atonio par Slimani. **Temporaires** : Serin par Dupont (19e-25e) ; Lopez par Trinh-Duc (33e-40e).
Cartons : 1 jaune : Vakatawa (19e).
Entraîneur : G. Novès.

GALLES (BONUS DÉFENSIF)

Réalisations : 6 B, Halfpenny (20e, 28e, 40e, 54e, 65e, 72e).
Remplacements : 52e : A. W. Jones par Charteris **(4)** ; 54e : Moriarty par Faletau **(6)**, Sc. Williams par Roberts **(4)** ; 60e : Francis par Lee **(4)** ; 72e : Ball par Moriarty ; 80e : R. Evans par Smith.
Temporaires : Ball par Baldwin (60e-72e) ; Halfpenny par Lee (80e-80e).
Cartons : 1 jaune : Lee (80e).
Entraîneur : R. Howley.

L'épatant Camille Chat, entré au talonnage à la place du capitaine Guilhem Guirado (72e), donne de la voix dans l'une des confuses mêlées finales.

« À deux doigts de la guerre nucléaire »

Yoann Maestri et les Bleus ont vécu vingt minutes folles après la sirène, jusqu'à l'essai de la délivrance de Damien Chouly.

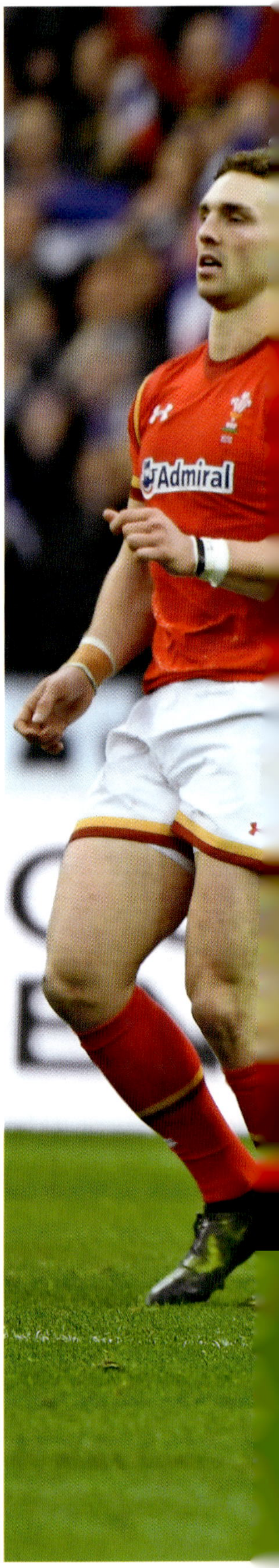

Chut ! 78 688 personnes se taisent. Camille Lopez s'élance, réussit sa transformation, tombe les bras en croix. Ça galope partout autour de lui. Une victoire en finale de la Coupe du monde ? Non. Les Bleus ont châtié les Gallois après un final dingue. Une première depuis 2011 (28-9) et, déjà, une cruelle défaite pour Halfpenny et ses boys. *« Une victoire magique dans un contexte fou »*, s'enthousiasme aujourd'hui le placide pilier Cyril Baille. Le Stade de France est incandescent. Chante, crie. Après avoir serré les fesses en vociférant – pas commode à faire – durant vingt dernières minutes insensées.

Douze mêlées ordonnées, tombées parfois, à refaire, loufoques. Et Wayne Barnes, imperturtable, *so british*, au milieu, jamais décidé à accorder l'essai de pénalité réclamé par les Bleus et leur public fumasse. *« Je suis un peu dégoûté d'avoir été arbitré de cette façon*, râle Yoann Maestri, capitaine de l'équipe de France après la sortie de Guilhem Guirado (72e). *Si ce match avait eu lieu au pays de Galles, en Afrique du Sud ou en Australie, l'essai aurait été accordé bien avant, car notre domination en mêlée était claire. Là, l'arbitre nous disait que la domination n'était pas assez franche. » « On sait qu'au niveau international les arbitres ne sont pas trop enclins à récompenser la domination en mêlée fermée »*, rappelle Yannick Bru. L'entraîneur des avants français devinait aussi que Barnes n'avait que modérément apprécié le remplacement sur blessure du pilier droit Uini Atonio par Rabah Slimani (81e), quelques minutes plus tôt. *« Il a subi un choc à la tête*, se défend Bru. *Le neurologue a confirmé que son protocole HIA était négatif, qu'Uini n'était pas habilité à revenir sur le terrain. »* Quelques secondes plus tôt, pourtant, le pilier assurait à l'arbitre que tout allait bien...

Bref, les Français insistent en mêlée et poussent le pilier gallois Samson Lee à la faute. Carton jaune. *« Les Gallois communiquaient toutes les trente secondes avec l'arbitre, truquaient, mettaient le genou, se laissaient tourner d'un côté*, raconte Maestri. *L'arbitre aurait dû percevoir qu'on dominait franchement. En fait, je crois que les arbitres nous prennent pour des gros tricheurs. Ils feraient mieux de se concentrer sur ce flegme anglo-saxon qui manque parfois de franchise. »* Sur le terrain et autour, avec des remplacements qui se succèdent, le retour du pilier Lee après ses dix minutes de frigo (93e), c'est le bazar intégral. *« On était à deux doigts de la guerre nucléaire*, témoigne Maestri. *À un moment donné, j'ai dit à l'arbitre : "Mais arrêtez de parler avec eux !" » « Il y a eu des quiproquos pas possibles avec les piliers*, ajoute le flanker Kévin Gourdon. *À la fin, c'était une parodie, du n'importe quoi. »* La tension monte encore lorsque George North s'approche de l'arbitre et fait constater une morsure au biceps. Wayne Barnes demande la vidéo. *« Il s'est fait mordre*, admet Maestri. *Mais peut-être que c'est par un copain à lui ou qu'il s'est mordu lui-même. Ça arrive. »* Quelqu'un mordrait-il en équipe de France ? *« Non, ça n'existe pas, ça ! »*, sourit Gourdon. Dulin était au plaquage sur l'action suspecte. Il n'a rien vu. *« On ne sait pas s'il demande la vidéo pour nous déstabiliser ou pour perdre un peu plus de temps. Mais ça a permis aussi à nos avants de souffler. »*

Dans les tribunes, les joueurs remplacés respirent aussi. Pas longtemps. Antoine Dupont part au ras de la mêlée, à deux reprises. Un taureau. Baptiste Serin pousse derrière son successeur au poste de 9, dégringole jusqu'à la piste d'athlétisme, près de Sébastien Vahaamahina. *« On était excités, on gueulait à chaque action »*, témoigne le Wallisien. Sur le terrain, Camille Lopez ne se fixe qu'une mission : *« On avait choisi de faire la différence avec les avants, alors, sur les deux, trois ballons que je touche pendant cette période, je veux surtout rester sur des choses simples, profiter de l'avantage laissé par l'arbitre pour essayer de trouver une brèche. Et surtout faire reposer nos gros avant qu'ils ne s'y remettent. »*

Picamoles s'isole, le stade s'effraie...

Et ils s'y remettent, les gros. *« On a insisté jusqu'à ce que ça pète, parce qu'on était bien dans ce secteur-là*, observe Gourdon. *Mais on savait très bien qu'à la moindre faute on serait pénalisés. »* Comme ils n'obtiennent pas d'essai de pénalité, les Bleus sortent un peu du cadre. Il y a cette pénalité jouée rapidement à la main par Louis Picamoles. Le numéro 8 s'isole et fait passer une grosse frayeur à tout le stade. Mais les Gallois sont hors jeu. Les trois-quarts sont spectateurs, souvent. *« Derrière, on essayait d'encourager les avants, parce que c'était compliqué de les aider autrement*, dit Brice Dulin. *On sentait qu'ils avaient pris le dessus et qu'ils étaient à deux doigts de les faire rompre. »*

Maestri s'en souvient-il ? Sûrement pas ; il pousse en mêlée, parlemente avec Wayne Barnes. Damien Chouly, enfin, trouve la faille. Essai ! *« C'est Chouly-Chouly, ça ! »* entend-on. Reste la transformation. Camille Lopez ne tremble pas : *« En fait, j'y ai pensé plus tôt, avant même l'essai, dans l'organisation du jeu. Je voulais qu'on s'approche des poteaux mais, de toute façon, il fallait marquer. Tu ne peux pas dire aux joueurs : "Marquez entre les poteaux." »* Chouly s'est arrêté tout à côté. Et Lopez transforme : *« Les gros le méritaient vraiment, je n'avais pas intérêt à saboter leur travail. »*

LAURENT CAMPISTRON et ARNAUD REQUENNA, *L'ÉQUIPE* du 19 mars 2017

Après l'essai de Chouly aplati, Camille Lopez a encore une mission : réussir sa transformation. Le ballon passe entre les barres… La France l'emporte (20-18) et l'ouvreur des Bleus tombe à genoux.

Une confiance précaire

Le Tournoi se referme sur une équipe de France rassérénée, un sélectionneur requinqué et un huitième rang mondial préservé. Pas de quoi pavoiser, mais l'essentiel est acquis.

La dernière fois que les joueurs de l'équipe de France ont exulté de la sorte ? Peut-être en 2014, quand Gaël Fickou avait conclu un mouvement de 80 mètres, face à l'Angleterre, pour une victoire dans le money time (26-24). Depuis, de défaites encourageantes en succès étriqués, ils essayaient d'abord de se convaincre qu'ils étaient sur la bonne voie. Dans le dernier match de leur Tournoi 2017, les Tricolores n'ont ni balayé ni renversé leur adversaire. Ils ont plutôt mieux commencé leur rencontre que d'habitude, au moins sur le registre de l'efficacité, pour la terminer au courage, la trouille de la défaite pour carburant. *« Ce match est important parce que nous l'avons gagné avec les tripes*, insistait le pilier Cyril Baille, gaucher de vingt-trois ans, troisième dans la hiérarchie du poste, et qui reste sur cinq titularisations dans ce Tournoi 2017. *Cela prouve que l'on est une belle bande de potes. »*
Une disette de six saisons a pris fin face aux joueurs de la principauté britannique, pourtant soutenus par le joli sourire de Kate et de son mari l'héritier de la couronne, présents dans la corbeille officielle. Mais c'est davantage le scénario final, cette faculté mentale qu'ils ont eue à aller chercher le résultat qui fait naître chez eux des motifs d'espoir. Les bras en croix sur la pelouse, Camille Lopez venait tout juste de passer la transformation de la victoire quand il a compris : *« C'est un profond soulagement. Je ressens de la fierté. Ce groupe avait besoin de gagner. C'était hyper important. »*

Baptiste Serin bloque le Gallois Toby Faletau. Pour la première fois du Tournoi, les Bleus n'ont pas encaissé d'essai.

Le contrat fixé par Laporte est rempli

Dans les sous-sols du Stade de France, l'irrespirable fin de match, la polémique grondant sur l'arbitrage et l'étrange sortie d'Atonio éclipsaient, finalement, l'intégralité d'une prestation déséquilibrée, trop juste sur les secteurs de l'alternance ou dans l'intensité. *« Je ne pense pas que ce soit un match de référence, mais un match historique, pour le sang-froid de l'équipe à la fin*, plaidait le capitaine Guilhem Guirado. *J'espère que ça ne restera pas un feu de paille. »*
Il faut se souvenir du climat de début de Tournoi. De cet objectif tacite fixé à Guy Novès par le président Laporte : deux victoires à domicile, une autre en Italie et surtout pas de fessée en Angleterre et en Irlande. À l'heure du bilan, le contrat est rempli, même s'il a fallu cent minutes pour s'en sortir in extremis. *« En tant que papy, je n'avais jamais vu ce genre de dénouement*, déclarait le sélectionneur sexagénaire. *C'était un match très, très dur. L'équipe a montré qu'avec ce caractère elle pourra progresser. »* Sans s'acheter un crédit illimité, eu égard à un

Le sélectionneur Guy Novès (à droite) et son adjoint Yannick Bru sont restés placides au Stade de France.

Guilhem Guirado, qui a vécu la fin de match depuis la touche, parle d'un *« match historique »* pour le *« sang-froid »* de ses hommes (ici, Picamoles, Fickou et Baille de g. à dr.).

projet de jeu qui piétine, Novès a gagné du temps et un peu de tranquillité avant la tournée de juin chez les Springboks. Ce court succès face aux Gallois, qui doit autant au courage de ses hommes qu'à une potentielle filouterie sur le coaching d'Atonio, lui avait d'ailleurs rendu ses accents teigneux, en conférence de presse : *« Malgré toutes les leçons que j'entends de la part de gens très intelligents, ces personnes n'arrivent pas à la cheville de mes joueurs. »*

Pour connaître le véritable sentiment de l'entraîneur en chef du quinze de France, il valait donc mieux se tourner vers ses joueurs. *« On a vu sur son visage qu'il était heureux »*, révélait Gaël Fickou. Et pour mesurer le soulagement de tout l'encadrement, c'est surtout à Yannick Bru, déjà adjoint lors du mandat Saint-André, qu'il fallait s'adresser. *« Émotionnellement, je mets la rencontre au niveau de mes titres avec le Stade Toulousain. Un match qui dure cent minutes... Courir après une cause perdue. Et pourtant, on y a cru ! Le destin nous a un peu aidés, lui qui a souvent été dur avec nous. »* Au coup de sifflet final de la victoire des Irlandais sur l'Angleterre (13-9), une clameur a résonné dans la zone mixte où les joueurs terminaient d'officier. Une poignée de journalistes gallois et français se félicitaient de voir le quinze de la Rose passer à côté d'un second Grand Chelem d'affilée et d'un record de dix-neuf succès d'affilée, un de plus que les All Blacks. *« Ils sont cons ou quoi ? Ça veut dire qu'on termine troisièmes ! »* lâchait, consterné, Sébastien Vahaamahina. Côté français, la principale information n'était toutefois pas dans le classement final du Tournoi des Six Nations 2017, *« même si c'est toujours bien de faire mieux que l'année précédente »* (5e en 2016), soulignait Yannick Bru. Il résidait d'abord dans la préservation de ce huitième rang mondial sur les tablettes de World Rugby. Une place sauvée de haute lutte devant l'Argentine (9e) qui lui assure le deuxième chapeau lors du tirage au sort des poules de la Coupe du monde 2019 au Japon...

RENAUD BOUREL,
***L'ÉQUIPE* du 19 mars 2017**

classement

La France enfin dans le top 3

2010	1er	(5 v., G.C.)
2011	2e	(3 v., 2 d.)
2012	4e	(2 v., 2 d., 1 n.)
2013	6e	(1 v., 3 d., 1 n.)
2014	4e	(3 v., 2 d.)
2015	4e	(2 v., 3 d.)
2016	5e	(2 v., 3 d.)
2017	3e	(3 v., 2 d.)

Les briseurs de record

Après avoir stoppé la série de victoires des All Blacks en novembre 2016 à Chicago, les Irlandais récidivent à Dublin face aux Anglais, bloqués eux aussi à dix-huit succès de rang et qui ne feront pas le Grand Chelem.

Le flanker ou deuxième-ligne anglais Maro Itoje, né en 1994 et déjà l'une des stars de l'équipe.

Hughes (avec la balle) a remplacé Billy Vunipola en cours de match. Contre l'Irlande, le banc anglais n'a pas fait la différence.

Il reste cinq minutes à jouer à l'Aviva Stadium, cinq minutes à plaquer, à mettre son corps devant chaque Anglais qui essaie d'avancer, et la foule n'arrête plus de chanter *The Fields of Athenry*, le tube du sport irlandais, entonné par les équipes de foot ou de rugby. Il raconte l'histoire de la grande famine qui a frappé le pays entre 1845 et 1852 et d'un homme nommé Michael, condamné à la déportation en Australie pour avoir volé de la nourriture pour sa famille affamée.

Quelque part, c'est cette faim que le public irlandais célèbre, celle qui transcende son équipe quand elle affronte les meilleures formations du monde. Dans l'ultime match du Tournoi 2017, guidés par Jonathan Sexton et Rory Best, deux leaders incontestables, les hommes de Joe Schmidt ont stoppé des Anglais qu'on commençait à croire invincibles, avec leur série de dix-huit victoires d'affilée entamée le 10 octobre 2015 (60-3 contre l'Uruguay en Coupe du monde). Aussi bien que les All Blacks, arrêtés par ces mêmes Irlandais en novembre 2016 (40-29), à Chicago, où *The Fields of Athenry* avait aussi résonné.

Le capitaine irlandais Rory Best, le visage balafré par la bataille, remet pourtant les choses à leur place : *« Vous savez, ce record, on n'en a parlé à aucun moment entre nous. Car ce n'est pas quelque chose que l'on gagne en tant qu'équipe, ce n'est pas un titre. On a juste empêché des gars d'entrer dans l'histoire mais nous, avant ce match, on était surtout concentrés sur notre performance. »*

Vunipola sidéré par la ferveur du public

Et malgré la fierté, cette victoire ne rend pas pour autant les Irlandais heureux. C'est presque le contraire : elle met à vif leurs ratés du Tournoi, *« notre première demi-heure contre l'Écosse et la défaite contre Galles après avoir été pendant si longtemps près de leur ligne »*, se souvient le talonneur. *« Notre problème*, admet Joe Schmidt, le sélectionneur, *c'est encore le manque de régularité. On vient de le prouver une nouvelle fois : on peut battre n'importe quelle équipe au monde mais il faut apprendre à répéter ces matches. »*

Les Anglais, eux, encaissent avec dignité. Le numéro 8 Billy Vunipola, le visage aussi doux que son corps est massif, pointe les erreurs des siens, ces pénalités (pas si nombreuses, une dizaine) concédées au mauvais endroit et au mauvais moment, ce banc qui cette fois n'a pas fait la différence alors que, chez l'adversaire, quatre des remplaçants ne cumulaient que douze sélections. *« Mais ce qui m'a marqué*, lâche celui que Jones considère comme son seul joueur de classe mondiale, *c'est la foule et l'émotion qui se dégage de ces gens. On doit apprendre à maintenir cette foule à l'écart, hors de nous. »*

Même le demi de mêlée irlandais Kieran Marmion – qui avait la lourde tâche, du haut de ses vingt-cinq ans et de ses 11 sélections, de remplacer Conor Murray, l'un des meilleurs du monde à son poste et l'homme du match à Chicago, contre les Blacks – était nerveux. *« Quand tu entends les gens chanter, quand tu sais qu'à chaque fois que les supporters anglais élèveront la voix ils ne laisseront pas faire, tu es un peu tendu. Mais c'est passé dès que le match a démarré. Finalement, je me sentais bien avec tous ces joueurs d'expérience autour de moi. »*

Des gars qui ont eu assez de bouteille pour ne pas se laisser perturber par le forfait de dernière minute du troisième-ligne Jamie Heaslip, touché à l'échauffement et remplacé par celui qui allait sortir en héros, Peter O'Mahoney, pour avoir grandement perturbé l'alignement anglais.

Mais malgré cela, le mot de la fin revenait aux Anglais et à Billy Vunipola : *« On a quand même remporté dix-huit matches de suite et gagné le Tournoi. Souvenez-vous où nous étions il y a deux ans à peine ! Ce soir, on ne va pas se gêner, on va faire la fête et être heureux. »*

DOMINIQUE ISSARTEL,
***L'ÉQUIPE* du 19 mars 2017**

Écosse-Italie : 29-0

L'Italie pas au niveau

Pour la dernière de Vern Cotter à leur tête, les Écossais obtiennent à Édimbourg leur troisième succès dans le Tournoi 2017, une performance qu'ils n'avaient plus réalisée depuis 2006.

Les Italiens, dépassés par la Géorgie (12e) au classement mondial (15e place au terme du Tournoi), achèvent la compétition avec la cuiller de bois, un goal-average négatif de 151 et un total de vingt essais encaissés en cinq matches (pour six marqués). Ils n'ont même jamais réussi à empocher une seule fois le bonus défensif (défaite de sept points ou moins)...

CLASSEMENT

6 NATIONS | 5e JOURNÉE

	ÉQUIPES	Pts	J.	G.	N.	P.	p.	c.	diff.	bo.	bd.
1	ANGLETERRE	**19**	5	4	0	1	146	81	+65	2	1
2	IRLANDE	**14**	5	3	0	2	126	77	+49	1	1
3	FRANCE	**14**	5	3	0	2	107	90	+17	1	1
4	ECOSSE	**14**	5	3	0	2	122	118	+4	1	1
5	GALLES	**10**	5	2	0	3	102	86	+16	0	2
6	ITALIE	**0**	5	0	0	5	50	201	-151	0	0

MARQUEURS

1. Joseph, Care (Angleterre), Hogg (Ecosse), Williams, North (Galles), Earls, Gilroy, Stander (Irlande), **3 essais.**
9. Nowell, Te'O, Daly (Angleterre), Visser (+1), Seymour (+1), Jones (Ecosse), **Fickou**, Henderson (Irlande, + 1), **2 essais.**

RÉALISATEURS

1. Lopez, 67 points.
2. Farrell (Angleterre, + 9), **63 points.**
3. Halfpenny (Galles, + 18), **62 points.**
4. Russell (Ecosse, + 11), **42 points.**
5. Jackson (Irlande), **36 points.**
6. Sexton (Irlande, + 8), **25 points.**

Malgré la défaite, le capitaine de l'Angleterre Dylan Hartley retrouve le sourire pour brandir le trophée des vainqueurs.

Le 10 juin à Pretoria, l'ailier Yoann Huget tente un slalom entre les Sud-Africains Coetzee (à gauche) et Skosan. Il va chuter, comme l'équipe de France (34-17).

TOURNÉE D'ÉTÉ

Sept ans après son précédent match en terre sud-africaine et une déroute 42-10, la France nourrissait quelques espoirs avant d'affronter trois fois la nation majeure du Sud qui lui réussit le mieux. Mais trois défaites copiées-collées (37-14, 37-15, 35-12) ont souligné l'état de fatigue des Bleus et leur incapacité à changer de plan de jeu. Des satisfactions ? Quelques jeunes (Poirot, Penaud) et le bon état d'esprit.

Dans le « Boks » des acculés

Balayés par l'Afrique du Sud à Pretoria, les Bleus démarrent la tournée de la pire des façons. Ils ont encaissé quatre essais, dont trois en infériorité numérique, et multiplié les fautes de main.

Ils sont forts, ces Bleus. Passer autant à côté d'un premier test pour endormir l'adversaire, passer pour des truffes et gagner les deux suivants, il fallait oser. On plaisante ? Oui, bien sûr. Car même si cette partie a parfois ressemblé à un hara-kiri, avec des ballons à gogo offerts aux contres, les partenaires de Yoann Maestri n'ont pas fait exprès de prendre près de quarante points face aux Springboks. Ils ont juste été dépassés, physiquement, techniquement et mentalement. Le pire, c'est que l'Afrique du Sud n'avait rien d'extraordinaire. Elle a simplement joué avec la rage et l'application d'une équipe en pleine restructuration, avide de reconquête. À la baguette, l'ouvreur Elton Jantjies, impeccable dans ses tirs au but et ses choix de jeu, a montré qu'une moitié de coupe de cheveux n'empêchait pas de disposer d'un jeu complet.

Les Bleus, eux, manquaient d'un peu de tout. De puissance à l'impact, d'efficacité en défense (57 plaquages effectifs sur 80 tentés, soit à peine 71 % de réussite !), de précision dans les passes, d'agressivité dans le jeu sol (17 turnovers) et de réalisme devant la ligne adverse. *« On a été pris dans tous les secteurs*, reconnaît le sélectionneur Guy Novès. *Peut-être parce qu'on n'a pas été assez conscients de la qualité athlétique de l'adversaire. Notre défense a failli, bien sûr, mais pas seulement. On est en dessous du niveau qu'on avait lors du dernier Tournoi. Là, j'ai un peu honte de notre comportement, je suis dans mes petits souliers. On a été tellement mauvais... Maintenant, avec le staff, on va étudier ce match de bout en bout, même si, et c'est ironique, je n'ai pas envie de le revoir. »*

Le match ? Vingt minutes à subir pour commencer, un léger sursaut d'orgueil avant et juste après la pause, concrétisé par deux essais de Chavancy et Serin. Après un beau mouvement français jusqu'à l'aile, c'est d'abord Huget qui tape à suivre pour lui-même et prend de vitesse Jantjies. Mais l'ailier des

Jules Plisson se fait plaquer près de l'en-but sud-africain par Jean-Luc Du Preez. À l'image de l'ailier Courtnall Skosan, les Boks sont plus prompts au soutien.

Bleus, trompé par le rebond, ne parvient pas à aplatir dans l'en-but et Chavancy, au soutien, aplatit (13-7, 35e). Puis, sur un ballon écarté au large par les Bleus, Chavancy, en puissance, résiste à trois plaquages pour servir Brice Dulin au contact. Après un relais de Vakatawa, Baptiste Serin feinte la passe au ras et plonge dans l'en-but (16-14, 55e).

Mais, alors que le débours n'est plus que de deux points (16-14), black-out total à compter de l'essai de pénalité (59e) et le carton jaune écopé par l'arrière Brice Dulin pour un geste d'antijeu sur l'ailier Courtnall Skosan. *« À partir de là, ç'a été un naufrage*, résume Yannick Bru, l'entraîneur des avants. *Je ne me l'explique pas. Je ne pensais pas qu'on reculerait autant à l'impact, qu'on aurait autant de ballons bloqués en haut, qu'on subirait autant dans les chocs et en vivacité. »*

Bilan des dix minutes d'infériorité : deux essais de plus dans la besace sud-africaine pour un 14-0 irréversible. Les Bleus ne peuvent même pas invoquer un manque de préparation ou d'acclimatation à l'altitude (1 700 m). Tous ceux qui étaient sur la feuille de match ont eu dix jours pour se familiariser avec les conditions. *« On a été d'une fébrilité totale »*, admet le capitaine, Yoann Maestri. Qui parle d'un problème psychologique, *« car la tête domine tout »*. Il aurait pu également évoquer des défaillances individuelles. Elles furent nombreuses.

Difficile d'avancer que la charnière Machenaud-Plisson a gagné plus de points qu'elle n'en a perdu sur la pelouse d'un Loftus Versfeld Stadium de Pretoria à moitié vide. De dire que les leaders Maestri et Picamoles, méconnaissables, ont montré la voie à leurs coéquipiers. D'absoudre les Atonio, Le Devedec ou Dulin de réserves sur leur potentiel. Tout n'était pas à jeter, évidemment. Fickou et Camara (malgré son indiscipline) ont fait leur match, comme Huget ou Chavancy. Surtout, Vakatawa semble enfin être redevenu Vakatawa, un joueur qui avance à chaque fois qu'il touche le ballon. *« À titre individuel, certains joueurs ont répondu comme tous auraient dû le faire »*, observe Novès, sans citer de noms.

Les Bleus sont-ils rincés ? Ont-ils pris de haut ces Springboks que l'on disait fragiles ? *« On voulait lancer la tournée de la meilleure des façons*, soupire Jeff Dubois, le coach des trois-quarts. *Au lieu de ça, on s'est mis une pression supplémentaire. »*

LAURENT CAMPISTRON,
***L'ÉQUIPE* du 11 juin 2017**

Passe après contact de François Hougaard vers son arrière Andries Coetzee, malgré le plaquage de Plisson.

Afrique du Sud 16 **37-14** 7 **France**

Arbitre : M. JACKSON (NZL). Loftus Versfeld Stadium, Pretoria. **29 000 spectateurs environ.**

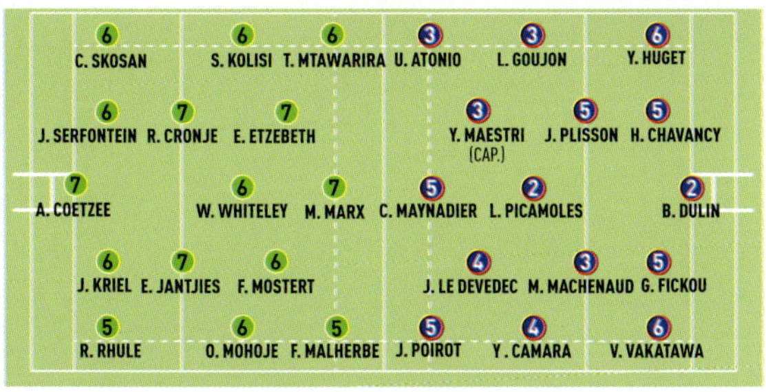

Afrique du Sud

Réalisations : 4 E, Je. Kriel (31e), pénalité (59e), Cronje (61e), Serfontein (68e) ; 3 B, Jantjies (11e, 15e, 40e) ; 3 T, Jantjies. (la transformation de l'essai de pénalité n'est plus tentée mais accordée automatiquement)
Remplacements : 54e : Mtawarira par Kitshoff ; 57e : Je. Kriel par Steyn ; 61e : Mohoje par Du Preez ; 64e : Cronje par Hougaard, Malherbe par Oosthuizen, Mostert par Du Toit, Marx par Mbonambi ; 74e : Rhule par Leyds.
Cartons : Aucun.
Entraîneur : Allister Coetzee.

France

Réalisations : 2 E, Chavancy (35e), Serin (55e) ; 2 T, Plisson.
Remplacements : 47e : Machenaud par Serin ; 52e : Goujon par Gourdon, Maynadier par Chat ; 54e : Atonio par Boughanmi ; 62e : Poirot par Ben Arous ; 64e : Picamoles par Le Roux ; 71e : Plisson par Doussain, Dulin par Rattez.
Temporaire : Atonio par Boughanmi (22e-27e).
Cartons : 1 jaune : Dulin (59e).
Entraîneur : Guy Novès.

« Veulent-ils être la génération de l'équipe de France qui ne gagne rien ? »

Bernard Laporte dans une interview à *L'Équipe* le 15 juin 2017.
Très remonté par la défaite, le président de la FFR appuie ses mots :
« Quand tu veux gagner des matches, il faut de l'agressivité et être meilleur dans la discipline que ce qu'on a été. Le haut niveau commence là. Il y a eu trop de plaquages manqués, trop d'erreurs, trop de fautes qui font que tu ne peux pas gagner. »
Et annonce qu'il effectuera un aller-retour express en Afrique du Sud pour s'adresser aux joueurs juste avant le deuxième test, à Durban.

Les Bleus s'enfoncent encore

Terrassée à Durban malgré une bonne entame et un bel essai de Spedding, l'équipe de France a d'ores et déjà perdu la série de tests contre les Springboks. L'heure est grave.

L'ÉQUIPE
Mandanda s'impatiente...
Coup de génie au buzzer
DE QUOI CRISER

Percussion de Scott Spedding, soutenu par Nans Ducuing (masqué) et Guilhem Guirado.

Fallait pas rêver. Le discours adressé aux joueurs par Bernard Laporte à quelques heures du coup d'envoi du deuxième test face aux Springboks n'a pas eu l'effet escompté. Il faut croire que les Bleus, encore dépassés dans à peu près tous les secteurs, n'ont plus suffisamment de gaz dans les jambes et d'idées dans la tête pour tirer d'une soufflante ou d'une mise au point, fût-elle présidentielle, une réaction d'orgueil salutaire. Ces Tricolores-là paraissent rincés, vidés, physiquement et mentalement absents d'une tournée à laquelle ils semblent s'être rendus à reculons. Ils ont montré à Durban un autre visage dans l'engagement, dans le combat, mais ils partaient de tellement loin qu'il était difficile de ne pas progresser. Peut-être faut-il se poser la question de la pertinence de ces séries de tests dans l'hémisphère Sud que l'équipe de France aborde désormais sans une poignée de titulaires laissés au repos (Lopez, Chouly, Lamerat...). Peut-être faut-il dire que les Bleus, essorés par l'âpreté du Top 14, n'ont tout simplement pas les moyens de lutter à cette époque-là de l'année. Sauf que ce serait mentir à tout le monde. Sinon, comment expliquer que l'Angleterre, pourtant privée de ses Lions britanniques, soit parvenue à remporter ses deux matches en Argentine (34-38 et 25-35) ? Que l'Écosse, oui, même l'Écosse, ait gagné le même jour à Sydney contre Australie (19-24) ?

La sortie de Picamoles a fait du mal

La France de Guy Novès dispose des mêmes conditions de préparation que les autres équipes européennes du Tournoi des Six Nations, mais elle rame. Elle n'avance pas. Pis, elle recule. Elle a plutôt bien démarré, pourtant, au Kings Park Stadium, en marquant un bel essai en coin par Spedding. Après un long temps de jeu, le ballon a filé jusqu'à l'aile de Vakatawa, qui a remisé à l'intérieur pour Penaud, lequel a pu servir l'arrière de Clermont après contact. Spedding a résisté au plaquage d'Etzebeth pour marquer en coin, et Serin a transformé (0-7, 3e). Mais il a suffi d'un long arrêt de jeu à la 20e, consécutif à la sortie sur civière du flanker springbok Mohoje et, juste derrière, à celle de Louis Picamoles (touché à une cuisse), pour que la machine s'enraye. Après un magnifique mouvement des Springboks sur l'aile gauche, Skosan sert Kolisi, qui retrouve Serfontein à l'intérieur pour le premier essai sud-africain (10-7, 20e). Derrière, les Bleus ont vécu un calvaire, symbolisé par la passe suicidaire de Trinh-Duc interceptée par Kolisi pour un essai entre les poteaux (17-7, 27e). Pris de vitesse dans le jeu au large comme au sol, indis-

Au bout d'une saison qui l'a vu se casser le bras contre les Samoa en novembre 2016, François Trinh-Duc rate sa sortie.

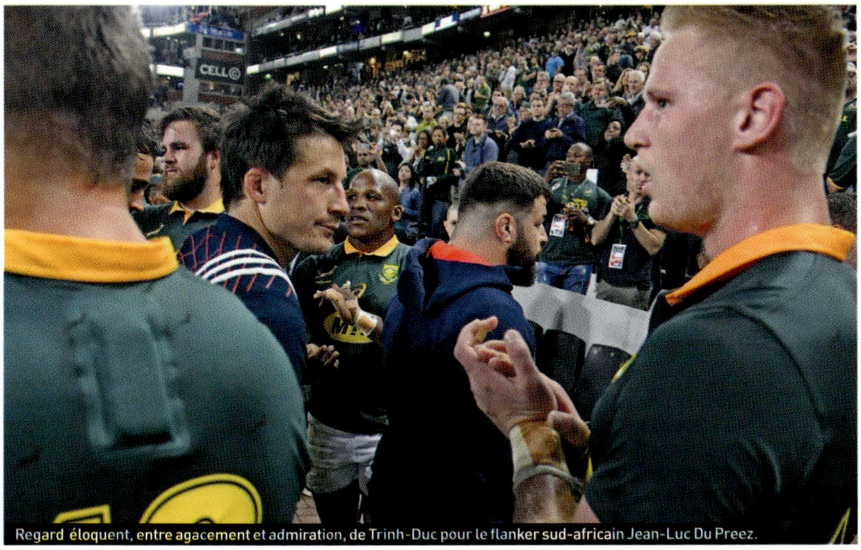

Regard éloquent, entre agacement et admiration, de Trinh-Duc pour le flanker sud-africain Jean-Luc Du Preez.

Afrique du Sud 23 **37-15** 7 **France**

Arbitre : M. O'Keeffe (NZL). Kings Park Stadium, Durban. **41 807 spectateurs.**

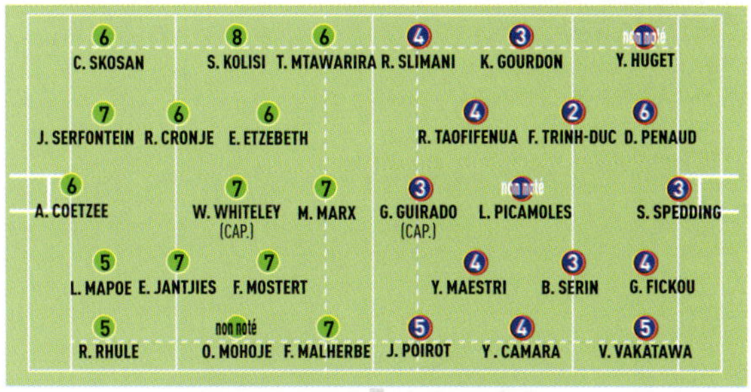

Afrique du Sud

Réalisations : 4 E, Serfontein (20e), Kolisi (27e), Oosthuizen (68e), Jantjies (79e) ; 3 B, Jantjies (6e, 31e, 39e) ; 4 T, Jantjies.

Remplacements : 14e : Mohoje par Du Preez (note : 7); 53e : Mtawarira par Kitshoff ; 65e : Cronje par Hougaard, Malherbe par Oosthuizen, Etzebeth par Du Toit, Mapoe par Steyn ; 75e : Marx par Mbonambi ; 79e : Rhule par Leyds.

Cartons : aucun.

Sélectionneur : Allister Coetzee.

France

Réalisations : 2 E, Spedding (3e), Penaud (71e) ; 1 B, Trinh-Duc (64e) ; 1 T, Serin (3e).

Remplacements :
13e : Huget par Ducuing (note : 4);
22e : Picamoles par Le Roux (note : 3);
56e : Serin par Dupont ;
59e : Poirot par Ben Arous, Slimani par Atonio ;
73e : Maestri par Le Devedec ;
74e : Trinh-Duc par Doussain, Guirado par Maynadier.

Cartons : aucun.

Sélectionneur : Guy Novès.

« L'erreur de François Trinh-Duc *(passe interceptée)* s'ajoute à une autre, qui elle-même venait après une autre faute… C'est la différence avec les équipes de ce calibre-là qui, elles, sont performantes dans les détails. Vu les résultats des Springboks en novembre 2016 et leur défaite en Italie *(20-18)*, on ne s'attendait pas à les voir à ce niveau-là contre nous. »

JEAN-FRÉDÉRIC DUBOIS, entraîneur des trois-quarts français.

ciplinés, toujours aussi poussifs en attaque sur leurs temps forts, les Tricolores ont fini par encaisser quatre essais. Sur un énième ballon arraché par les Springboks dans un ruck, le pilier remplaçant Oosthuizen, bien servi dans un intervalle par Du Toit, a marqué en force (30-10, 68e) en résistant au plaquage de Ducuing (entré à la place d'Huget, blessé dès la 13e minute). C'est ensuite le troisième-ligne sud-africain Kolisi qui a dépossédé Taofifenua du ballon, s'est s'échappé sur trente mètres avant de servir son ouvreur Jantjies (37-15, 79e). Les Bleus sont donc sortis du match avec le même nombre de points dans la valise qu'une semaine plus tôt.

À l'amertume et à la colère du week-end précédent s'est ajouté un lourd sentiment d'impuissance. Celui d'une équipe qui avait perdu sans défendre le test inaugural et qui, là, reperd le deuxième dans des proportions identiques avec les armes à la main. Décourageant, forcément.

L'Afrique du Sud, qui avait perdu huit de ses douze derniers matches avant cette tournée, est-elle devenue un ogre ? Ou cette équipe de France est-elle retombée très, très bas ? La position du sélectionneur, qui voit son bilan (dix défaites pour sept victoires) et son crédit s'effriter, semble de plus en plus fragile. *« On jouera notre honneur et notre fierté sur le dernier match,* promet le capitaine Guilhem Guirado. *Au lieu de se contenter de dix ou vingt bonnes minutes, comme lors des deux premiers tests, on essaiera de tenir la barque pendant quatre-vingts minutes. »* Le coach des avants Yannick Bru, lui, entend s'appuyer sur les rares satisfactions individuelles de la soirée, tel le jeune Damian Penaud, vingt piges, auteur d'un essai plein de peps et de culot (30-15, 71e). *« C'est avec ces gars-là qu'on va continuer à travailler,* dit-il. *Aujourd'hui, on est derrière. Mais on essaiera de sortir du troisième test un peu moins cons. »*

LAURENT CAMPISTRON,
L'ÉQUIPE **du 18 juin 2017**

L'effet Laporte attendra

Bien que secoués verbalement par le président de la FFR, les Bleus n'ont guère été plus brillants qu'une semaine plus tôt. Mais Guy Novès, lui, a vu « une vraie progression »...

Julien Le Devedec (au centre), 9 sélections avant la tournée, et Yacouba Camara (3 capes avant l'Afrique du Sud), ont pu jauger ce qui les séparait du très haut niveau.

« Une classe d'écart avec les Sud-Africains ? Après deux tests, je ne peux que confirmer ce que vous dites », admet devant la presse Guy Novès, le sélectionneur des Bleus, tout en percevant une *« vraie progression »*. Sans ironie. Sans mordant. *« Ils sont meilleurs que nous, il n'y a rien à dire*, glisse de son côté le centre Gaël Fickou, touché. *Et pourtant, on s'est envoyés... Cette défaite me démoralise. On fait des sacrifices dans la vie de tous les jours – attention, je ne me plains pas –, on s'entraîne dur et ça ne paie pas... »*

Le tweet de Bernard Laporte, à 22 h 26, aura-t-il reconstruit le moral bleu ? *« Bravo aux Springboks. Rien à dire sur l'engagement du quinze. Deux essais de trop à nos dépens. Travailler, garder cet esprit pour le troisième test »*, écrit le patron de la FFR, arrivé en fin de matinée à Durban. Débarqué à l'hôtel des joueurs en survêtement officiel de l'équipe, « Bernie » s'est d'abord entretenu avec Guy Novès. *« Ils se sont mis d'accord pour que Bernard Laporte parle aux joueurs*, raconte Jeff Dubois, l'un des adjoints du sélectionneur. Qu'a dit le prési-

dent ? « *Ça reste en interne*, élude Guirado. *C'est notre président, il a encore le droit de parler... Guy est le manager-sélectionneur, c'est lui qui nous donne les ordres. On ne mélange pas tout. Mais ce sont les joueurs qui sont responsables sur le terrain.* »
Nans Ducuing, première sélection, confie : « *On savait que Bernard Laporte viendrait nous parler. Il a eu des mots justes, des mots forts ; on l'a écouté. Mais ça restera entre nous.* » Et l'interview du président fédéral dans *L'Équipe* ? Le pilier gauche bordelais Jefferson Poirot parvient à sourire quelques secondes : « *Ses propos ne m'ont pas du tout vexé... mais j'ai envie de lui montrer qu'il a complètement tort, que cette génération va gagner quelque chose.* »
Gaël Fickou, posté contre un mur dans un couloir du stade, se redresse : « *Bien sûr que ça me vexe, ce que le président a dit. J'ai envie de le contredire. J'écoute le patron du navire, Guy Novès, mais aussi le grand patron, le président de la FFR.* » Le capitaine Guilhem Guirado a dicté un message clair dès le retour final aux vestiaires : « *La semaine prochaine, on joue notre honneur, notre fierté. Il faut tout donner sur le dernier match.* » À savoir s'engager et, selon les termes du capitaine, « *être pragmatiques, costauds et surtout ne pas faire de cadeaux aux Springboks* ». Être bons, quoi, tout bêtement. Et Jefferson Poirot de conclure : « *On a une présidence qui a de la gueule, un staff qui a de la gueule. À nous, joueurs, d'avoir de la gueule maintenant.* »

ARNAUD REQUENNA,
***L'ÉQUIPE* du 18 juin 2017**

Penaud dans un monde à part

Au cœur du marasme tricolore, le centre auvergnat de vingt ans a su faire étalage de son culot et de sa classe. Et il marqué un bel essai.

Il fallait le voir chanter *la Marseillaise*. Pardon, la hurler. Damian Penaud n'était pas suffoquant d'émotion, déversant des cascades de larmes. Non. Il était transcendé. On avait pisté chez ce gamin, dès son arrivée à Johannesburg, une impression de candeur. Il donnait le sentiment d'être déjà à l'aise alors qu'il ne connaissait pas grand monde. « *On n'attend pas de lui qu'il fasse des merveilles, qu'il traverse le terrain* », avait affirmé Guy Novès à l'annonce de la titularisation du centre. Le Clermontois l'a fait, pourtant. « *Le sujet positif, c'est le petit Penaud, qui a fait un match XXL*, s'emballe Fabien Galthié , capitaine victorieux avec le quinze de France en Afrique du Sud en 2001 (23-32). *Les Français ont marqué deux essais intéressants, avec de la vitesse et des surnombres bien négociés et, à chaque fois, Damian Penaud était de la partie.* »
De la vitesse, c'est indéniable, et une fluidité impressionnante qui lui a permis de jouer et de faire jouer au cordeau, notamment sur le premier essai de Scott Spedding (3e). « *Sur le deuxième essai, il y ajoute un exploit personnel en évitant quatre plaquages* », précise Galthié. Après le match, le môme a encore détonné, abattu, mais donnant le sentiment d'appartenir à ce groupe depuis longtemps. « *Ça fait mal, forcément. Je suis un peu déçu, même si on a montré un autre visage qu'une semaine plus tôt. Mais on en prend encore quarante et ce n'est pas évident de trouver les mots.* »
Au total, le Clermontois recense cinq défenseurs battus sur le match, meilleur total tricolore avec Virimi Vakatawa, son compère de l'aile, et devant l'ensemble des Boks. Ajoutez à cela trois franchissements, soit la moitié de la performance française, au bout desquels, avec un peu de réussite, il aurait même pu inscrire un doublé sur un plongeon spectaculaire (58e). « *On a l'impression qu'il est dilettante mais il a été très intéressant*, analyse Jeff Dubois, l'entraîneur en charge des trois-quarts tricolores. *C'est assez surprenant qu'il se soit mis au niveau dès son premier test. On a l'impression qu'il vit dans un monde à part. Je pense qu'il ne faut pas lui donner trop d'infos mais le laisser en électron libre sur le terrain.* » S'il rend la même copie à chaque sortie, effectivement, autant le laisser tranquille.

RENAUD BOUREL,
***L'ÉQUIPE* du 18 juin 2017**

Damian Penaud raffute l'ailier springbok Raymond Ruhle. Le centre clermontois a franchi les lignes adverses à trois reprises.

Ça patine grave

À Johannesburg, les Bleus perdent pour la troisième fois face à des Springboks pourtant prenables, encaissant quatre nouveaux essais sans en marquer aucun. La tournée vire au fiasco.

Ça y est, les Bleus sont en vacances. Enfin, officiellement, bien sûr. Car sur ce qu'ils ont montré en Afrique du Sud, il semblerait que certains aient un peu anticipé. Il ne fallait pas rêver. Comment croire que cette équipe qui avait perdu les deux premiers tests (37-14 et 37-15) à cause, notamment, d'un déficit criant de vitesse et de justesse technique serait assez revancharde pour gagner le troisième ? À quoi servent l'orgueil et la volonté quand on n'a ni les jambes ni le talent pour les accompagner ? À l'Ellis Park de Johannesburg, l'équipe de France a donc paumé là où elle n'avait encore jamais perdu, restant sur quatre succès en autant de matches (1958, 1967, 1993, 2001). Aucun suspense. Elle n'a rien lâché mais a cédé sur un score quasiment identique aux deux premiers matches (35-12). Étalant les mêmes insuffisances, la même indiscipline (14 pénalités concédées), la même porosité en défense (seulement 70 % de plaquages réussis), les mêmes fautes de main ou ballons rendus dans les rucks (16 turnovers), la même lourdeur dans les déplacements et la même inefficacité dans ses rares temps forts (aucun essai marqué). Les Boks, eux, ont aplati quatre fois dans l'en-but français.

D'abord par le centre Jesse Kriel (10-0, 8e), après deux belles fautes d'orgueil tricolores, puisque ni Ducuing ni Vakatawa, chassés dans leurs 22 mètres par la meute sud-africaine, n'ont jugé bon de dégager d'un bon coup de tatane en touche, l'ailier français finissant par se faire arracher la balle. Puis par le capitaine Etzebeth (21-9, 42e), sur une astucieuse pénaltouche à cinq mètres où neuf joueurs (dont le centre Serfontein et le demi de mêlée Hougaard) figuraient dans l'alignement. S'ensuivirent un essai du talonneur Marx après une joyeuse séance de pilonnage à proximité de la ligne bleue (28-12, 62e), puis une ultime percée de Paige sur les bords d'un regroupement, à l'heure où les plaquages français (Plisson puis Machenaud) se relâchaient (35-12, 75e).

« *On en retiendra quelques leçons*, observe le capitaine Guilhem Guirado. *Notamment, que certaines petites scories qui passent inaperçues en Championnat coûtent trois ou sept points face à ces équipes-là.* » Quatre essais, c'est hélas le tarif de la tournée... « *On repart avec les valises pleines*, soupire le sélectionneur Guy Novès. *J'espère que les semaines mises en place pour aider les joueurs à progresser nous permettront de pouvoir rivaliser dans le futur. À un autre moment de l'année, quand nos joueurs seront en plein boum, j'ose penser qu'on sera capable de mieux faire.* »

Place désormais au bilan individuel de la tournée. Grand gagnant ? Facile ! Camille Lopez. L'ouvreur clermontois, qui a regardé les trois tests à la téloche, peut dormir tranquille, comme tous ceux, blessés ou laissés au repos (Vahaamahina, Iturria, Chouly, Lamerat, Fofana, Nakaitaci), qui ont échappé à cette curée. Ni Jules Plisson ni François Trinh-Duc n'ont suffisamment pesé sur le jeu, sinon contre leur camp (souvenez-vous de l'interception de Kolisi sur une passe du second lors du deuxième test) pour bouleverser la hiérarchie à l'ouverture.

Grand perdant ? Re-facile. Guy Novès. Avec désormais sept victoires pour onze défaites en dix-huit matches depuis son intronisation, en attendant les deux raclées prévisibles de novembre 2017 contre les All Blacks, le sélectionneur tricolore commence à présenter un bilan qui pourrait presque faire passer son prédécesseur Philippe Saint-André pour un cador. Mais il n'est pas du tout sûr qu'un autre que Novès,

Courtnall Skosan est déstabilisé par Jules Plisson à la réception d'un ballon aérien. Pénalité contre la France...

Le botteur bok Elton Jantjies, à la gestuelle plus équilibrée que sa coifure, a passé trois pénalités et trois transformations.

Le capitaine sud-africain Eben Etzebeth contient Loann Goujon devant Paul Jedresiak et Jefferson Poirot.

108

L'équipe de France, battue trois fois par les Springboks (37-14, 37-15 et 35-12) n'avait plus enchaîné trois revers d'affilée avec un écart supérieur à 20 points depuis 1908-1909, soit plus de 108 ans. Les Tricolores s'étaient inclinés deux fois contre le pays de Galles (36-4 et 47-5) puis l'Angleterre (22-0).

12

Le nombre d'essais encaissés par la France en trois tests, pour trois réalisations (Chavancy, Serin, Penaud).

aujourd'hui, puisse tirer mieux de cette pauvre équipe de France. Franchement, quels joueurs français ont évolué au niveau requis lors de cette tournée ? Poirot, sur les trois tests, Camara, Vakatawa ou Penaud par moments. Même les tauliers de la sélection (Guirado, Maestri, Picamoles), manifestement cramés ou à court de rythme, se sont noyés.

Novès et ses adjoints y croient pourtant toujours. Ils réclament du temps. Rappellent que leur projet de jeu, bâti sur le néant d'une dernière Coupe du monde désastreuse, n'a qu'un an et demi d'existence (bientôt la moitié du mandat), que leur équipe progresse malgré tout et que ses efforts seront récompensés, un jour. Quand ? Sûrement pas avant que la formation française ne sorte enfin des joueurs calibrés pour ce rugby dynamique et moderne dont les Blacks et les Lions se sont faits de formidables ambassadeurs, que le Top 14 ne change de braquet pour épouser les desseins de la sélection, bref, que le rugby français ne fasse sa révolution. Il a commencé, certes. Mais il n'est pas certain que Novès ait suffisamment de temps devant lui, d'ici à la fin de son mandat en 2019, pour en tirer les bénéfices.

LAURENT CAMPISTRON,
***L'ÉQUIPE* du 25 juin 2017**

Afrique du Sud 16 **35-12** 9 **France**

Arbitre : M. Gardner (AUS). Ellis Park. **55 820 spectateurs.**

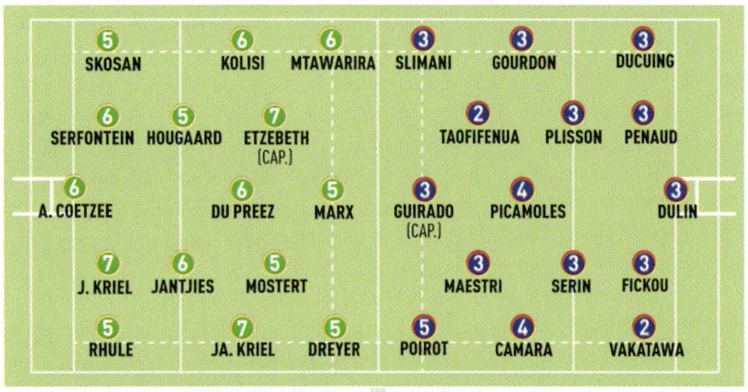

Afrique du Sud

Réalisations : 4 E, Je. Kriel (8e), Etzebeth (42e), Marx (62e), Paige (75e) ; 3 B, Jantjies (6e, 23e, 38e) ; 3 T, Jantjies (8e, 62e, 75e).
Remplacements : 55e : Dreyer par Oosthuizen, Mtawarira par Kitshoff, Du Preez par Du Toit ; 67e : Mostert par De Jager, Marx par Mbonambi ; 71e : Hougaard par Paige, Rhule par Leyds, Je. Kriel par Steyn.
Cartons : Aucun.
Sélectionneur : A. Coetzee.

France

Réalisations : 4 B, Plisson (12e, 16e, 40e, 58e).
Remplacements : 41e : Camara par Goujon (note :4) ; 62e : R. Taofifenua par Jedrasiak ; 64e : Penaud par Trinh-Duc ; 68e : Poirot par Chiocci ; 70e : Picamoles par Maynadier ; 71e : Serin par Machenaud ; 77e : Vakatawa par Rattez. **Temporaire :** Slimani par Atonio (58e-67e).
Cartons : Aucun.
Sélectionneur : G. Novès.

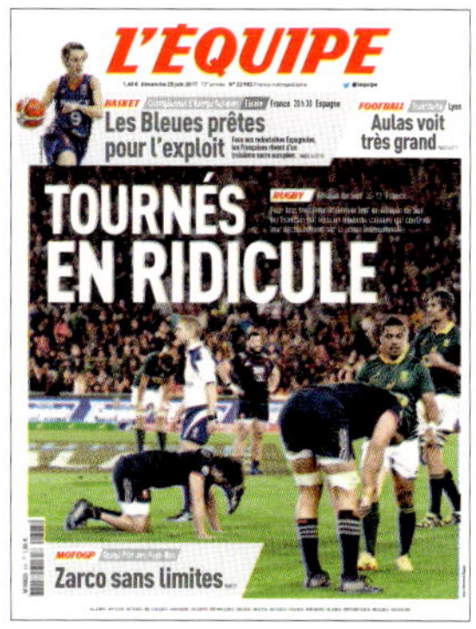
L'ÉQUIPE

BASKET France 20h30 Espagne
Les Bleues prêtes pour l'exploit

FOOTBALL Lyon
Aulas voit très grand

TOURNÉS EN RIDICULE

RUGBY

MOTOGP
Zarco sans limites

Maestri : « Bien se dire qu'on est inférieurs »

Le deuxième-ligne toulousain dresse un bilan très négatif de la tournée et parle du travail physique à effectuer pour rivaliser avec les meilleurs.

Capitaine lors du premier test, Yoann Maestri ne mâche pas ses mots… malgré son protège-dents.

Il arrive en costume noir, fine cravate noire sur chemise blanche. Bientôt, il montera dans le bus des Bleus pour rejoindre ses adversaires et ses partenaires au banquet officiel de Johannesburg. Mais, auparavant, Yoann Maestri s'est arrêté longuement pour revenir sur cette tournée ratée.

« Êtes-vous démoralisé après cette nouvelle défaite face aux Springboks ?
Le bilan de cette tournée est très négatif. On va devoir bosser physiquement pour se mettre au niveau athlétique de ces grosses équipes. En seconde période, on a subi l'aptitude des Springboks en ce moment. Et puis, en première mi-temps, on a aussi fait tellement d'erreurs, lâché tant de ballons…

Ces fameux "détails" dont on n'arrête pas de parler depuis trois semaines…
Ces ballons perdus au contact, ce n'est pas possible. On doit vraiment parvenir à tenir le ballon. Face à l'Irlande, l'Angleterre ou les Néo-Zélandais, on tombe désormais sur un mur défensif dense après cinq ou six temps de jeu. D'où la nécessité de progresser quand on a le ballon, de le garder plus longtemps.

Quel rôle a joué le fait que les Français soient en fin de saison et pas les Springboks ?
En tant que compétiteur, quand on accepte une échéance, qu'on se déplace en Afrique du Sud, on le fait à fond. Juin, la fin de saison, il ne faut pas le prendre en compte ! Sinon, tu restes chez toi.

Quand la domination physique des Springboks s'accentue au fil du match, se demande-t-on combien on va en prendre ?
Tu t'accroches, surtout ! Mais, à moment donné, il faut bien se dire qu'on est inférieurs.

Vous avez regardé le match Nouvelle-Zélande - Lions (30-15) ce matin à la télévision *(voir p. 58)*. Qu'en avez-vous pensé ?
J'ai vu des All Blacks très pragmatiques. Comme il pleuvait fort, ils ont monté le ballon et, comme ils sont très forts, ils ont ensuite dominé. Alors oui, il en faut, des envolées, au rugby, mais les All Blacks ont d'abord gagné sur des centimètres conquis. Je vous le dis, c'est là-dessus qu'on doit vraiment progresser : tenir le ballon.

On critique beaucoup le Top 14, qui ne préparerait pas au niveau international. Voudriez-vous jouer plus souvent avec les Bleus et moins en Championnat ?
C'est une question épineuse…Certains pays sacrifient leur Championnat national pour préparer de forts athlètes pour l'équipe nationale, comme l'Irlande. On voit bien les gabarits *(il montre les épaules)* chez les moins de vingt ans, par rapport aux nôtres. Tenez, avant de partir au stade, j'ai regardé à la télé un match de collèges sud-africains, des jeunes de quinze ans. Il y avait 3 000 spectateurs dans le stade, un monde fou. Ici, comme en Nouvelle-Zélande, le rugby est roi. Chez nous, c'est différent… Notre Top 14 a énormément de qualités. Mais après, on est tous d'accord pour dire qu'il faut améliorer les choses dans la formation. »

ARNAUD REQUENNA,
***L'ÉQUIPE* du 25 juin 2017**

Poirot, poussé à la dure

Rare Français à son avantage lors de la tournée, le pilier bordelais a grandi sans son père, a connu le racisme et l'échec scolaire. Il en tire aujourd'hui une part de sa détermination et de sa constance.

Ce jour-là, Jefferson Poirot s'est pointé avec un polo jaune et noir... Le pilier de l'UBB arbore fièrement les couleurs de son premier club : l'US Lalinde Rugby XV. C'est là-bas, à Saint-Capraise-de-Lalinde, petit village paisible de Dordogne, que tout a commencé pour lui. Il est né à L'Isle-Adam (Val-d'Oise), mais ses parents se séparent alors qu'il a trois ans. Sa mère décide d'offrir une vie meilleure à son fils. Mais le métissage de Jefferson Poirot, dont le père est d'origine nigériane, ne passe pas inaperçu dans la bourgade de cinq cents âmes.

« J'avais l'étiquette du petit Black des cités qui faisait des conneries », raconte le pilier gauche. *« Une fois, on m'a accusé d'avoir donné un coup de cutter dans le dos d'une fille à l'école. Certains parents interdisaient à leurs enfants de me voir. »* Le racisme, on n'en avait jamais parlé à la maison *« pour me protéger »*. Mais Poirot reste marqué par ces années. *« Quand je retourne là-bas, je suis dur. Je sais qui m'a aidé et qui m'a cassé du sucre sur le dos. Ceux-là, je n'ai pas envie de leur parler. »* Le rejet des autres, l'absence du père, parti vivre en Angleterre et qu'il ne voyait qu'une fois par an (*« Il ne m'a rien transmis. J'ai appris à être autonome et mature sans lui »*) : c'est dans ce contexte chahuté qu'il découvre le rugby, à l'US Lalinde. *« Je n'y connaissais rien, mais je m'y suis réfugié. J'ai été très bien accueilli. Le contraste était énorme »*, se souvient le pilier du quinze de France.

Avec son gabarit déjà imposant, Jefferson Poirot se taille une réputation dans la région. *« Les parents de mes adversaires étaient rassurés quand je ne jouais pas. »* Le rugby devient passion. *« Rien d'autre ne m'intéressait. Ça a entraîné une crise d'adolescence un peu forte. »* En classe de troisième, il décide qu'il sera professionnel. Pas du goût de la conseillère d'orientation : *« Elle m'a dit que ce n'était pas un métier. »* Pourtant, à seize ans, il débarque à Brive. *« C'est là que j'ai été formé »*, insiste Poirot. Il y restera quatre ans, avant de prendre la direction de Bordeaux-Bègles, en 2012. Très vite, il obtient du temps de jeu (18 matches en Top 14 la première année)... Quatre saisons plus tard, Jefferson Poirot est international (11 sélections au terme de la tournée) et ne laisse rien au hasard. Il s'est attaché les services d'une nutritionniste. À Brive, après un été un peu trop festif, il était revenu avec dix kilos de trop ! Il avale des heures de vidéo, s'impose aussi des séances supplémentaires de musculation et de soins. *« Toujours au club, jamais à la maison. J'aime travailler dans un cadre précis. »*

Après, plutôt casanier, il passe son temps libre avec celle qui partage sa vie depuis cinq ans et ses amis hors rugby. À l'occasion, il enfourche aussi sa moto, pour une virée à Lalinde. Là où tout a commencé, en jaune et noir...

MAXIME RAULIN,
L'ÉQUIPE du 22 juin 2017

5

La note obtenue dans L'Équipe par Poirot après chacune de ses prestations en Afrique du Sud. Le pilier est le seul Bleu à avoir obtenu trois fois la moyenne.

À Durban, lors du deuxième test (37-15), Jefferson Poirot a tenu la barraque en mêlée fermée, quitte à s'abîmer les doigts en accrochant son vis-à-vis.

LIONS BRITANNIQUES tournée d'été (1er test) — Nouvelle-Zélande **30-15** Lions

Des lionceaux en hors-d'œuvre

Les All Blacks ne font qu'une bouchée des Lions britanniques et irlandais lors du premier test de la tournée, à l'Eden Park d'Auckland.

À la 35e minute, l'Eden Park se lève d'un seul rugissement. Par un contre-pied, la relance de Liam Williams brise au moins les chevilles du capitaine black Kieran Read, puis l'arrière des Lions redresse sa course de traverse, met au tapis Aaron Cruden et Ryan Crotty, attend le renfort de Jonathan Davies qui trouve aussitôt Elliot Daly. L'ailier anglais fixe pour transmettre de nouveau à Davies, lequel offre à Sean O'Brien la conclusion d'un essai de 80 mètres. Les 20 000 visiteurs de l'Empire, tout de rouge et de bière vêtus, d'abord calmés par un essai de Codie Taylor (10-3, 19e), se remettent à y croire (13-8, 36e). Mais les Kiwis décident de reprendre leurs temps forts… et il n'y eut plus un Lion de sortie.

Un chiffre ? Le demi de mêlée black Aaron Smith, qui n'a joué que 55 minutes, a adressé 103 passes quand un numéro 9 en réalise de 60 à 70 au niveau international en 80 minutes… *« Nous n'avons pas joué un rugby flashy mais un rugby agressif,* tempère pourtant Steve Hansen, le sélectionneur kiwi. *Si votre cinq de devant se montre agressif, alors, après, vous pouvez jouer. »* Ce que fit le jeune ailier Rieko Ioane, qui planta deux essais en un quart d'heure (55e et 70e). *« Les All Blacks n'ont pas joué un rugby champagne,* a commenté le coach néo-zélandais des Lions, Warren Gatland. *Et nous, nous devrons être encore plus physiques la semaine prochaine. »*

LUC FOLLIET,
L'ÉQUIPE du 25 juin 2017

Sonny Bill Williams casse le plaquage du pilier irlandais des Lions Tadhg Furlong.

LIONS BRITANNIQUES tournée d'été (2e test) — Nouvelle-Zélande **21-24** Lions

Les Rouges ont rugi !

À quatorze pendant près d'une heure, la Nouvelle-Zélande subit à Wellington sa première défaite à domicile depuis 2009. Les Lions de Gatland ne sont finalement pas des « chatons »…

Après le premier test, les Lions avaient été traités par la presse néo-zélandaise de *« chatons »* et leur sélectionneur, Warren Gatland, d'origine kiwie, de *« clown »*. Ce drôle de cirque ambulant vient pourtant d'infliger aux All Blacks leur premier revers sur leurs terres depuis 2009, quand les Bleus de Marc Lièvremont s'était imposés à Dunedin (22-27). *« On devait montrer du courage et du caractère. C'est ce qu'on a fait »*, a commenté Gatland.

La victoire des Lions sous le déluge de Wellington a été marquée par un fait de jeu rare. À la 25e minute de jeu, le centre All Black Sonny Bill Williams a été exclu pour un coup d'épaule à la tête de l'ailier anglais Anthony Watson. Jérôme Garcès, l'arbitre français, n'a pas hésité : carton rouge. La sanction, dans un premier temps, n'a pourtant pas aidé les Lions britanniques, car les Blacks ont verrouillé le jeu. Aaron Smith a beaucoup tapé derrière sa mêlée et les Néo-Zélandais se sont nourris des fautes adverses. Les Lions, frileux, déjouaient et leur pilier Mako Vunipola était envoyé au frigo pour dix minutes (déblayage hors propos sur Beauden Barrett).

Les locaux menaient alors 18-9. C'est à 14 contre 14 que les Rouges se sont mis à rugir. Sur leur première vraie offensive, Toby Faletau, en bout de ligne, trouvait la faille (18-14, 60e). Rebelote dix minutes plus tard avec Conor Murray à la conclusion (21-21, 69e). Fébriles, les champions du monde se mettaient à la faute par Faumuina à la 77e. Owen Farrell, auteur d'un cinq sur six, ne tremblait pas (21-24).

MAXIME RAULIN,
L'ÉQUIPE du 2 juillet 2017

3

Sonny Bill Williams n'est que le troisième All Black (sur 1 160) à être exclu. Ses deux prédécesseurs dans l'infamie ? Les deuxième-ligne Colin Meads en 1967 (victoire des Blacks 14-3 contre l'Écosse) et Cyril Brownlie en 1925 contre l'Angleterre (victoire des Blacks 17-11).

5

Depuis 1930, c'est seulement la cinquième victoire des Lions britanniques et irlandais face à la Nouvelle-Zélande en tournée (2 nuls et 17 défaites). Le dernier succès remontait au 26 juin 1993 (7-20).

Le combat des chefs

Le nul d'Auckland ne satisfait ni les All Blacks ni les Lions, qui achèvent la tournée à égalité parfaite. Mais c'est le rugby qui est sorti gagnant d'un match de très haut niveau.

L'issue du troisième et dernier test s'est jouée sur deux coups de dés : une mêlée des Lions en difficulté et la reprise hors-jeu d'un en-avant par un pilier gallois remplaçant. Deux détails dans le flot tumultueux de trois tests pour l'histoire. Les All Blacks ne sont pas parvenus à remporter la série mais ont exprimé de fulgurantes séquences de jeu et inscrit des essais sur des combinaisons millimétrées. Les Lions, denses et organisés, n'ont pas marqué à Auckland, malgré dix minutes en supériorité numérique, mais ont ébloui en défense.

Il n'y eut pas de round d'observation dans ce combat des chefs et les Lions durent attendre dix minutes avant de lancer leur première attaque (11e), secoués avant cela par les vagues noires. Les sauvetages inespérés ont des limites, posées par les frères Barrett : une passe au pied de Beauden pour Jordie, qui rabattait le ballon pour l'essai du centre Laumape (15e, 7-0) ! Owen Farrell, aligné au centre, réduisait l'écart sur deux buts (21e, 33e) mais, par leur néophyte Jordie Barrett, les All Blacks inscrivaient un deuxième essai (36e) limpide en première main derrière une touche. Une merveille. Pour virer néanmoins chichement à 12-6 à la pause.

La seconde période démarrait sur un coup de théâtre, une habitude dans cette tournée : pour un plaquage haut, le flanker black Jerome Kaino était expulsé dix minutes (50e), ce qui relançait les Lions, déjà revenus grâce à un but longue portée signé Daly (42e, 12-9). Crispés, les All Blacks commettaient approximations et fautes de main. Ainsi mis sous pression, dos rond, ils sauvaient ce qui pouvait l'être et n'encaissaient qu'un but (60e). Mais c'était celui de l'égalisation, 12-12.

Les All Blacks profitaient alors d'une mêlée pour mettre le pilier remplaçant des Lions, Kyle Sinckler, en difficulté devant ses poteaux. L'arbitre français, Romain Poite, n'hésitait pas à le pénaliser et le but de Beauden Barrett (68e) n'était qu'une formalité pour placer son équipe en tête (15-12). Dix minutes plus tard, Owen Farrell ne tremblait pas pour ajuster son quatrième but (78e, 15-15). La prochaine pénalité serait déterminante… mais Romain Poite se refusait à la siffler sur le renvoi. Poussé dans le dos en l'air, l'arrière des Lions Liam Williams commettait un en-avant. Le ballon tombait dans les bras du pilier remplaçant Owens, hors-jeu mais qui revenait dans son camp et relâchait aussitôt l'objet. L'arbitrage clément et intelligent du sifflet français et de son acolyte australien à la vidéo, George Ayoub, a fait honneur à l'esprit du jeu. Les héros rivaux de cette magnifique tournée ne méritaient pas de se départagés sur une semi-injustice.

« Ils avaient l'air de deux gars qui, lors d'une soirée, n'ont pu embrasser que leur sœur. Pas vraiment le genre d'émotion auquel ils s'attendaient. »

STEVE HANSEN, le sélectionneur des All Blacks, à propos de l'air déconfit des deux capitaines, Kieran Read (Nouvelle-Zélande) et Sam Warburton (Lions), au moment de brandir le trophée de la tournée.

RICHARD ESCOT,
lequipe.fr, le 8 juillet 2017

1

C'est la première fois depuis 1888 qu'une tournée des Lions en Nouvelle-Zélande s'achève sans vainqueur.

Après avoir échappé à Whitelock (au sol), l'ailier anglais des Lions Anthony Watson défie Aaron Smith.

Sourire crispé, Kieran Read (à gauche) et Sam Warburton tiennent chacun une anse de la coupe des vainqueurs.

Choc de béliers en finale à Murrayfield, le 13 mai 2017, entre le centre clermontois Rémi Lamerat et le flanker sud-africain des Saracens Michael Rhodes. Parra et Vahaamahina apprécient.

COUPE D'EUROPE

L'échec de Clermont en finale contre les Saracens (17-28) ne laisse pas un goût amer. En 2016, le Racing 92 avait cédé contre les Sarries (9-21) sans encaisser ni marquer d'essai. Cette année, il y en eut cinq, dont deux splendides pour les Auvergnats. L'ASM, qui a écarté en route deux vieux ennemis (Toulon et le Leinster), est juste tombé contre plus fort que lui. Bravo aux vainqueurs… et honneur aux vaincus.

Exit le Racing

Finalistes sortants de l'épreuve, les champions de France 2016 sombrent à Glasgow et disent adieu à leur objectif majeur de la saison. Après trois matches disputés seulement...

Ça, une révolte ? Ça, une équipe en mission ? Permettez-nous d'en douter. On avait à peine dépassé le premier quart d'heure que l'opération commando à Glasgow avait pris une sacrée mornifle. Un quart d'heure, c'est le temps qu'il avait suffi aux Warriors pour planter deux essais. Chaque fois, à la baguette, l'ouvreur à bandeau Flynn Russell s'était frisé les moustaches. D'abord, en dosant un petit coup de pied par-dessus qui amena l'essai de Strauss (5-0, 5e), puis en lançant en plein cœur de la défense du Racing son talonneur. Le bolide Fraser Brown (12-0, 14e) transperça un rideau en sous-nombre après le K.-O. subi, peu de temps avant, par Tuitavake.

Il faut croire que Russell, déjà en lévitation une semaine plus tôt (victoire 14-23 à Colombes), n'est pas tellement intimidé quand il affronte Dan Carter. Faut dire qu'il aura surtout vu, comme nous, l'ombre de Carter... Bref, à 12-0, on ne songeait déjà plus au bonus offensif que le champion de France, déjà battu deux fois en deux matches, était sommé d'aller chercher pour entretenir une sorte d'espoir. Les Écossais auraient même pu marquer deux essais de plus avant la mi-temps et sanctionner, par exemple, une montée hasardeuse de Teddy Thomas.

Dépassé dans le jeu au sol, dans la vitesse, dans l'enthousiasme et, cerise sur le biscuit *shortbread*, en mêlée, le Racing faisait peine à voir. Et dire que Greg Townsend, le manager de Glasgow, avait promis à ses joueurs *« le match le plus physique de* (leur) *carrière »*. Il se faisait une montagne du pack de golgoths bâti par Laurent Travers et Laurent Labit, avec Afatia, Tameifuna, Van der Merwe, Nakarawa en troisième-ligne... Tout ça pour ne jamais avancer d'un pouce et se faire pénaliser deux fois. D'ailleurs, Afatia et Tameifuna sortirent à la mi-temps... L'essai du demi de mêlée Ali Price (23-0, 47e) montra à quel point le Racing n'y était pas. Contre une équipe en kilt mains libres comme Glasgow, qui sait où elle va et comment elle y va, ça ne pardonne pas. *« Cette équipe de Glasgow, on en reparlera dans quelques mois »*, glissait Laurent Labit. *« On a été pris dans tous les compartiments,* constatait Dimitri Szarzewski. *J'ai senti qu'on était dépassés. On manque d'envie. Il ne faut pas se mentir : pour nous, la Coupe d'Europe, c'est fini, ce soir. Maintenant, il faut qu'on soit solidaires, qu'on assume. Qu'on soit une équipe. C'est bien beau, l'état d'esprit hors du terrain ; mais sur le terrain, c'est autre chose. »*

Les joueurs du Racing répétaient en début de saison que leur objectif était de faire mieux qu'en 2015-2016. Sous-entendu :

4

Le classement final du Racing dans la poule 1, avec à son bilan une seule victoire, contre Leicester (34-3), pour cinq défaites.

Le flanker du Racing Wenceslas Lauret (à droite) tente de maintenir le fumant édifice de la mêlée francilienne, deux fois pénalisée à Glasgow.

L'ailier Teddy Thomas (au centre) quitte tête basse la pelouse du Scotstoun Stadium de Glasgow. La campagne européenne du Racing a tourné court cette saison.

gagner la Coupe d'Europe. Ce slogan est déjà périmé mi-décembre. Éliminé dès les primaires, après trois matches à zéro point, le Racing fera moins bien qu'en 2016. C'est une certitude. Cette élimination fait tache et marque un coup d'arrêt à la progression régulière du club du président Lorenzetti qui, jusqu'ici, grandissait toujours, année après année. Finaliste en 2015-2016, lourdé dès le mois de décembre ce coup-ci : la descente est violente. L'essai de Xavier Chauveau, quand il était trop tard (23-7, 79e), ne sauva ni l'honneur ni les apparences. *« C'est une grosse désillusion,* disait Laurent Labit. *On a du mal à retrouver l'âme qui était la nôtre il y a un an. Du mal à retrouver cette envie de se sacrifier, de se faire mal. Parce qu'on a joué deux finales au printemps 2016, on a un peu oublié tout ça. Maintenant, il nous reste sept mois pour aller chercher quelque chose. Pour la Coupe d'Europe, c'était trop juste pour nous. Cette élimination, c'est peut-être un mal pour un bien. »*

FRÉDÉRIC BERNÈS,
***L'ÉQUIPE* du 17 décembre 2016**

Une poule endeuillée

Le matin du premier match de la poule 1, Racing 92-Munster, prévu le 16 octobre 2016 à Colombes, l'entraîneur principal de la province irlandaise, Anthony Foley, est retrouvé mort dans sa chambre d'hôtel à Suresnes (Hauts-de-Seine). L'autopsie révèlera que l'ancien troisième-ligne du Trèfle (62 sélections entre 1995 et 2005), âgé de 42 ans, présentait *« un trouble du rythme cardiaque ayant entraîné un œdème aigu des poumons »*.

Fils du deuxième-ligne international Brendan Foley, Anthony Foley, capitaine du Munster, avait été sacré champion d'Europe en 2006 après avoir battu Biarritz à Cardiff (23-19), avant de devenir entraîneur et de prendre la direction sportive de la province irlandaise en 2014. Annulée deux heures seulement avant son coup d'envoi, la rencontre Racing-Munster ne sera jouée finalement que le 7 janvier 2017 (7-32), alors que le Racing était déjà hors course. Le Munster terminera premier de la poule 1, avec cinq victoires pour une seule défaite (18-16), le 17 décembre 2016 à Leicester.

L'occasion gâchée

Victorieuse une semaine plus tôt d'Exeter en Angleterre (7-13), l'UBB se fait piéger au retour par le même adversaire à Chaban-Delmas. L'espoir d'une place de meilleur deuxième s'envole.

Prise en touche d'Ollie Atkins, deuxième-ligne australien d'Exeter.

Le paddock du stade Chaban-Delmas s'est vidé très vite. Bordeaux n'a pas fait fructifier sa victoire à Exeter une semaine plus tôt (7-13) et a aussi montré d'inquiétantes limites dans son jeu. Mise à mal dès l'entame par des adversaires anglais tenant bien le ballon, l'UBB ne s'est montrée ni assez pénétrante, ni assez efficace.

« On a eu pas mal de temps forts, on a su prendre le ballon, avancer, les mettre à mal, constatait le capitaine Loann Goujon. *Mais on a manqué de réalisme dans leur camp, chose qu'eux ont eue en deuxième mi-temps. »* À deux reprises au moins en première période, Geoffrey Cros (16e) et Julien Audy (28e) ont eu la balle d'essai, tout près de la ligne. Mais la plus grosse occasion revint au jeune et surprenant Cros (19 ans). Très en vue dans le jeu, le joueur formé à Tarbes perdit le ballon alors qu'il était dans un coin de l'en-but adverse. L'UBB n'était menée que 12-17 (73e) et pouvait donc égaliser. *« Il y a beaucoup de frustration après cette action, cet en-avant que je fais à la fin*, soufflait l'intéressé. *Olly Woodburn me plaque par derrière et tape dans le ballon. »*

Alors qu'il menait 9-7, Bordeaux a aussi vu l'arbitre M. Lacey brandir un carton rouge à Nans Ducuing (49e), coupable à ses yeux d'avoir déséquilibré Olly Woodburn lors d'un duel aérien. L'ailier gauche d'Exeter retomba sur la tête et resta allongé au sol quelques minutes. Sévère ? Peut-être. *« Réglementaire »*, surtout, comme le résuma parfaitement Laurent Marti, le président de l'UBB. Avec un joueur de moins durant la dernière demi-heure, Bordeaux dépensa une énergie folle. *« Sur ce type d'action, il faut s'en remettre à la règle*, admettait Raphaël Ibañez, le manager. *Mais ce carton, c'est le tournant du match. Jusque-là, c'était une rencontre très stratégique, très tactique. »* Goujon, lui, refusait d'amplifier la portée de cette décision arbitrale, rappelant même fort justement qu'Exeter avait inscrit ses deux essais en infériorité numérique. Mais M. Lacey a également surpris par son arbitrage, notamment en mêlée, où les Bordelais furent souvent pénalisés, au grand dam d'Ibañez. *« Il y a eu beaucoup de décisions contre nous. J'ai du mal à comprendre comment une mêlée aussi conquérante à Exeter peut être autant pénalisée le week-end suivant. C'est l'incompréhension qui domine. »*

HAMID IMAKHOUKHENE,
***L'ÉQUIPE* du 18 décembre 2016**

2

La place finale (éliminatoire) de Bordeaux-Bègles (14 points) dans la poule 5, loin derrière Clermont (26 points), mais devant les Anglais d'Exeter et les Irlandais de l'Ulster.

Montpellier s'est liquéfié

Dépassés par la vitesse et la fluidité des Irlandais, plombés par le carton rouge de Steyn, les hommes de Jake White encaissent une défaite historique à Dublin. Les quarts s'envolent.

Jake White a gagné beaucoup de choses. Mais pour le concours général de mathématiques, il y a encore du boulot. L'entraîneur sud-africain de Montpellier n'y croyait plus après la défaite à Castres un mois plus tôt (29-23). Et puis, s'apercevant de son erreur de calcul, il s'était ravisé. Mais White fait tout de même la différence entre quatorze et quinze. Il n'a donc pas dû avoir besoin qu'on lui explique à quel point la faute grossière de François Steyn venait de gâcher le peu d'espoirs qui restait à Montpellier de s'imposer à la RDS Arena de Dublin. On jouait la 26e minute, on se gelait (– 1 °C au coup d'envoi) en se demandant si la dame qui avait distribué des bouillotes reviendrait quand l'ouvreur sud-africain asséna une manchette à la gorge de Johnny Sexton, qui n'avait plus le ballon. Bilan : un carton rouge donné par l'arbitre anglais J.P. Doyle. Jake White dut recomposer son équipe, le troisième-ligne Qera cédant sa place à l'ouvreur Immelman.

À quatorze, l'affaire semblait bien mal engagée. Remarquez, elle l'était déjà à quinze puisque Montpellier était mené 14-3 après vingt-quatre minutes. Craignant la puissance des Héraultais, souvenir de la défaite au match aller (22-16) et du doublé de l'ailier gigantesque Nemani Nadolo, le Leinster avait misé cette fois sur la vitesse, le rythme, la propreté technique... Son fonds de commerce.

Par moments, ce fut magistral de fluidité. Comme à la quinzième minute, quand Garry Ringrose délivra un *offload* sublime pour Isa Nacewa, qui fut repris de justesse par Nick White. Une minute plus tard, l'arrière fidjien marquait après une longue passe sautée de Sexton. Puis survint l'action du match : Sexton impulse un côté fermé au niveau de la ligne médiane, le troisième-ligne Jack Conan volleye la balle pour Nacewa, qui tape à suivre. Son coup du sombrero élimine Joffrey Michel et il peut redonner à Conan d'une claquette merveilleuse (24e). Le pauvre Michel fut ensuite mangé dans les airs par Adam Byrne qui y alla de son essai après un une-deux avec Conan (29e). À 24-3, l'espoir de décrocher un bonus défensif à quatorze paraissait insensé. En force, le Leinster marquait un quatrième essai, par l'inévitable Conan (55e), qui finira avec un triplé. En le transformant, Sexton dépassait la barre des 500 points en Coupe d'Europe.

FRÉDÉRIC BERNÈS,
***L'ÉQUIPE* du 14 janvier 2017**

Charles Géli (debout, au centre) et les Montpelliérains n'ont pas franchi une seule fois la ligne d'en-but irlandaise.

Même pour confier les consignes, Rob Kearney et Garry Ringrose (au centre) jouent synchronisés.

3

Le nombre de cartons rouges récoltés par les Héraultais lors des cinq premières journées de Coupe d'Europe. Montpellier terminera néanmoins deuxième de sa poule avec 16 points, devant Castres et Northampton, mais non qualifié.

Quinze ans de frustration !

Battu en Angleterre par une équipe déjà éliminée, Castres ne verra que de loin la phase finale de la Coupe d'Europe. Le CO n'est plus sorti des poules depuis 2002...

Groupé-pénétrant efficace de Northampton, sous l'œil inquiet du capitaine castrais Rory Kockott.

Seul Dieu, et peut-être Tom Wood, leur capitaine au look christique, pouvaient savoir si ces Saints de Northampton allaient ouvrir les portes du paradis au Castres Olympique. Hors course pour la qualification, les Anglais ne restaient-ils pas sur une double dérouillée contre le Leinster (37-10 puis 60-13) ? N'avaient-ils pas décidé de faire souffler Louis Picamoles ? Et si c'était l'occasion pour le CO de regoûter, pour la première fois depuis l'épopée de 2002 (défaite 17-25 en demi-finales contre le Munster) à la phase finale ?

À la mi-temps, on croyait l'affaire pliée. Les hommes de Christophe Urios étaient menés 21-8. *« On prend quand même deux essais où il ne se passe rien »*, pestait le manager tarnais. Lents en touche, attentistes en défense, les Castrais n'avaient qu'une branche à laquelle se raccrocher : la mêlée. *« On avait déjà remarqué au match aller qu'on leur était supérieur dans ce secteur*, précise Urios. *À la mi-temps, on a donc décidé d'appuyer sur la mêlée. D'avoir des pénalités. »* Et voilà comment le CO recolla à 21-21 au bout d'une heure.

« On a aussi bien nettoyé notre jeu, résuma Urios. *On n'a commis qu'une seule faute dans toute la seconde mi-temps. »* Malgré ces bonnes dispositions, l'hypothèse d'une « finale » à jouer contre le Leinster à Pierre-Antoine a tourné court. Pendant les vingt dernières minutes, les Saints soumirent leurs hôtes à un pressing étouffant. Un drop de Stephen Myler échoua sur le poteau. Une percée de Ben Foden fit frissonner tout le Franklin's Gardens. *« C'est là qu'on aurait dû couper le jeu, casser le rythme*, peste Urios. *On a eu du mal à sortir de notre camp. »* Et Tom « Jesus » Wood vint crucifier le CO d'un essai en force (28-21, 68e).

Les Castrais étaient alors dans l'obligation de marquer deux fois. À la 76e minute, ils bénéficiaient d'une pénalité en bonne position. Bizarrement, ils choisirent la mêlée, solution la plus chronophage, s'y entêtèrent et perdirent le ballon. *« On sort frustrés de ce match. Mais on avait dit qu'on voulait jouer un rôle dans cette Coupe d'Europe et on l'a joué »*, synthétisait Urios. Le CO reste un grand frustré de l'Europe... Mais il a effacé le douloureux souvenir de sa dernière campagne, en 2015, terminée avec un misérable point.

FRÉDÉRIC BERNÈS,
***L'ÉQUIPE* du 15 janvier 2017**

3

La place finale de Castres dans la poule 4, achevée avec deux victoires (contre Northampton, 41-7, et Montpellier, 29-23) et un nul (contre le Leinster, 24-24) à domicile, mais trois défaites à l'extérieur.

Clermont, premier de la classe

Comme souvent, les Auvergnats livrent contre Exeter un festival offensif à domicile, et terminent meilleur club européen de la phase de poules. Mais ils perdent Wesley Fofana sur blessure pour toute la saison.

C'est une scène rare dans un stade de rugby, mais elle dit bien le plaisir pris par le public clermontois : après un court instant d'hésitation, les supporters jaune et bleu ont applaudi une offensive des leurs qui venait de se terminer par... un en-avant ! Il faut dire que, jusqu'à la maladresse de Fritz Lee, sur une dernière offrande de Rémi Lamerat, le mouvement avait des allures d'action de l'année, avec une succession de petites passes osées dans un périmètre minuscule, éclairées par une transversale précise de Camille Lopez (32e).

Malgré ce raté, les Auvergnats n'ont pas mis longtemps à obtenir le bonus offensif, synonyme de quarts de finale à domicile, début avril. Une minute après, Wesley Fofana aplatissait déjà le quatrième essai jaunard (33e, 29-0). Une démonstration ! Au final, les hommes de Franck Azéma auront multiplié les combinaisons emballantes, les percées décidées et assommé les Anglais de sept essais. Seul bémol, la défense s'est parfois laissé déborder en seconde période, où Clermont s'est relâché, l'esprit peut-être aussi un peu peiné par la blessure de Wesley Fofana. Car, quand le trois-quarts international (29 ans, 44 sélections) s'est écroulé à la 37e minute en poussant un cri de douleur, Morgan Parra et ses coéquipiers ont immédiatement compris que c'était grave. *« Quand je le vois tomber comme ça...* soupirait le demi de mêlée de l'ASM. *Il ne tombe jamais ! Wesley, c'est quelqu'un qui reste toujours debout, capable de sortir de n'importe quel contact. »* Le verdict est tombé, cruel, plus tard dans la journée : rupture du tendon d'Achille du pied gauche. Le site Internet du club n'a pas livré d'autre pronostic qu'une *« longue absence »* et un forfait pour le Tournoi des Six Nations. La suite ? Quatre essais concédés à Exeter en une demi-heure. *« Aurélien* (Rougerie) *nous a dit qu'il y avait du négatif en deuxième mi-temps, et qu'il faudrait le gommer par la suite pour ne pas avoir de regrets,* racontait Rémi Lamerat, *mais qu'on pouvait être fiers de cette phase qualificative où on a maîtrisé nos matches. »*

Un an après le traumatisme d'une élimination prématurée en phase de poules, Clermont s'est en effet offert cinq bonus offensifs en six rencontres, cinq victoires aussi, avec un seul revers en Ulster (32-39), et termine première équipe européenne au bilan cumulé, avec 26 points.

AURÉLIEN BOUISSET,
***L'ÉQUIPE* du 22 janvier 2017**

« C'est effroyable pour "Wes". Il réalisait une saison admirable à la veille du Tournoi. On sentait qu'il était comme un poisson dans l'eau. »

GUY NOVÈS, sélectionneur du quinze de France.

Le troisième-ligne fidjien Peceli Yato, auteur d'un essai et l'un des meilleurs Clermontois du match.

Toulon est allé le chercher

Le RCT repart de Londres avec le point du bonus défensif décroché contre le champion d'Europe 2016. Il lui permet de s'emparer in extremis d'une place de meilleure deuxième.

Mike Ford a dégringolé les escaliers depuis cinq minutes, s'est faufilé dans les couloirs du stade, l'Allianz Park, aussi étrange et moche que paumé. Le manager anglais du RCT voit son buteur, Leigh Halfpenny, envoyer le ballon sur le poteau, Guilhem Guirado bloquer le receveur et Toulon ne plus quitter les 22 mètres adverses jusqu'au coup de sifflet de Nigel Owens. Ford, pas spécialement un clown, rayonne. Il touche le bras d'un remplaçant, le dos d'un autre. Le RCT, sous ses ordres, vient de perdre son sixième match à l'extérieur en autant de voyages (Top 14 et Coupe d'Europe). Mais il vivra les quarts de finale, de l'intérieur, en avril ! Une incongruité après trois revers en six journées. Mais comme une évidence après son combat chez les tenants du titre. Pour la beauté du coup, Toulon aurait sûrement mérité de revenir avec deux points de l'Allianz Park. Un seul fait toutefois son bonheur.

« *Je ne retiens que la joie de la qualification. C'est du bon boulot* », commente Mike Ford. Le président Mourad Boudjellal respire : « *On est qualifiés, ce n'était pas prévu. On est passés par la petite porte. Quand tu perds le premier match à la maison contre les Saracens (23-31), que tu changes trente-six fois d'entraîneur, que tu perds chez les Gallois de Llanelli (21-22)... Mais on a démontré qu'on n'était pas morts.* »

Mieux que ça, Toulon a martyrisé le champion pendant les vingt premières minutes, franchissant les lignes adverses mais voyant deux essais refusés (légitimement) à Bryan Habana (4e) puis à Josh Tuisova (7e) qui a lâché le ballon dans l'en-but. Pour Marc Dal Maso, l'entraîneur des avant du RCT, la pelouse synthétique de l'Allianz Park expliquerait la bévue de Tuisova : « *À Toulon, il aurait plongé. Ici, il s'est retenu.* »

L'œil gauche rougi, Juan Fernandez Lobbe souligne : « *On voulait tout laisser sur le terrain pour le RCT. Le club est au-dessus de nous tous.* » On pige que le troisième-ligne argentin, aussi furieux dans le vestiaire qu'il répond avec calme et intelligence, n'a pas fait que répéter ça aux journalistes ; qu'il a dû en causer au groupe « *pour obtenir ce niveau d'engagement et d'intensité extraordinaires* ». Guilhem Guirado remarque de son côté : « *On a joué un match de haut niveau, en équipe. En première mi-temps, ça jouait direct, on tapait plus fort qu'eux. Quand chacun joue son rôle pour l'équipe, on a des chances d'être dangereux.* »

ARNAUD REQUENNA,
L'ÉQUIPE du 22 janvier 2017

Charge de Mathieu Bastareaud pour le RCT, malgré Farrell. Le centre Tompkins (au sol) n'avait pas les kilos pour résister...

5

C'est le nombre de qualifications successives de Toulon pour les quarts de finale de la Coupe d'Europe.

Comme au bon vieux temps

À domicile, Toulouse domine avec difficulté son invité irlandais, mais se qualifie pour les quarts de finale de la Coupe d'Europe, deuxième de son groupe derrière les Anglais des Wasps.

Les Toulousains sont contents et soulagés d'être sortis de leur poule. Car leur match face aux Irlandais du Connacht a manqué de peu de ressembler aux trois autres qu'ils auraient dû remporter dans cette épreuve et qu'ils ont fini par perdre (23-21 au Connacht, 17-14 aux Wasps) ou ne pas gagner (20-20 face aux Wasps).
Les mêmes maux, toujours. Du déchet dans le jeu au pied, encore, avec une nouvelle pénalité des 20 mètres face aux perches loupée par Jean-Marc Doussain (37e) ou cette transformation en moyenne position (47e). Une incapacité à tuer le match, aussi, alors que le Stade menait pourtant 19-3. Et une crispation manifeste en fin de partie, avec une touche moins conquérante, des soutiens moins réactifs dans les rucks et des décisions discutables, comme ce choix du banc d'aller chercher une pénaltouche à deux minutes de la fin plutôt que de tenter une pénalité à 30 m des perches qui aurait pu gonfler le score. *« On jouait la 78e minute et trouver une touche était aussi un moyen de rester deux minutes dans le coin du Connacht*, justifie l'entraîneur Ugo Mola. *Le problème, c'est que notre confiance actuelle dans le jeu au pied n'est pas au top. Si Jean-Marc* (Doussain) *avait passé la pénalité face aux poteaux, on aurait pris celle-là... »*
Heureusement, Toulouse avait fait le job auparavant, réalisant cinquante premières minutes de très haut niveau, avec trois essais à la clé, dont un petit bijou en coin de l'ailier Arthur Bonneval, à la conclusion d'une contre-attaque fulgurante émaillée de deux passes exceptionnelles de Jean-Marc Doussain et Yoann Huget.

Douze ans après ses débuts en Coupe d'Europe, Thierry Dusautoir plane toujours sur le rugby continental.

Premiers play-offs européens pour Mola

« À chaque fois qu'on a tenu le ballon, on a réussi à les mettre au supplice », constate Ugo Mola. Après une première campagne européenne complètement ratée en 2015-2016 (une victoire, cinq défaites en poules), l'entraîneur toulousain disputera lui aussi son premier quart de finale européen en tant que coach. *« L'an dernier, je m'étais pris les pieds dans le tapis dans cette compétition*, reconnaît-il. *Par manque d'expérience, je n'avais pas forcément bien identifié l'intensité que réclamait ce type de rencontres. Cette saison, c'est bien mieux dans le contenu. Les derniers matches me laissent penser qu'on est capables de rivaliser avec les plus grands. »*

LAURENT CAMPISTRON,
***L'ÉQUIPE* du 23 janvier 2017**

Malheureux au pied, Jean-Marc Doussain a en revanche brillé dans le jeu.

STATS

Une saison dans la norme

Nombre de clubs français en quarts de finale de la Coupe d'Europe depuis dix ans.

2006-2007	2
2007-2008	2
2008-2009	1
2009-2010	4
2010-2011	4
2011-2012	2
2012-2013	3
2013-2014	3
2014-2015	3
2015-2016	3
2016-2017	3

La marche était trop haute

Trop fébrile et indiscipliné, le Stade Toulousain subit la loi du Munster à Limerick. L'issue implacable d'une campagne européenne trop poussive.

Un crochet de l'arrière du Munster Simon Zebo déstabilise le flanker toulousain Yacouba Camara.

Les joueurs toulousains ne semblaient pas plus abattus que ça, au coup de sifflet final, au moment de serrer la pogne de leurs adversaires du Munster, logiquement vainqueurs d'un quart de finale européen que les Irlandais du Munster auront mené de bout en bout.

Les Rouge et Noir étaient marqués dans leur chair, bien sûr, à l'image de leur capitaine Thierry Dusautoir, dont la joue droite striée d'une énorme balafre témoignait de l'âpreté du combat. Mais pas au fond du seau. Beaucoup moins désabusés, en tout cas, qu'après leur échec à Bordeaux-Bègles (20-11), une semaine plus tôt en Top 14. Comme si cette élimination dans l'enfer rouge de Thomond Park, qui rappelle furieusement celle de 2014 face au même adversaire (47-23), du moins par l'ampleur du score, était écrite, presque programmée.

Ce Stade Toulousain à l'agonie en Top 14, rongé par le doute et perturbé en interne par le flou persistant qui flotte sur son avenir, partait de beaucoup trop loin pour espérer contrecarrer la furia irlandaise. *« On a fait illusion, on a mis beaucoup de cœur, mais on a trop de manques pour rivaliser avec des équipes qui sont bien organisées comme ça*, confiait le centre Florian Fritz à l'issue du match. *On ne méritait pas d'aller plus loin. Toulouse est à sa place en Championnat et en Coupe d'Europe. »* Un constat lucide, parfaitement raccord avec l'impression laissée par le Stade sur le terrain. Celle d'une équipe sans solution offensive, beaucoup trop lisible, qui s'épuise à enchaîner les temps de jeu pour gagner quelques pauvres mètres avant d'anéantir tous ses efforts par un en-avant grossier ou un mauvais choix.

Toulouse ne manque pas de courage, défend bien, parvient même parfois à prendre un ascendant psychologique sur son adversaire dans le combat, mais ça ne suffit pas. Il y a ces fautes récurrentes, cette indiscipline qui lui coûte trop de points, ces entames de mi-temps catastrophiques, aussi, qui l'accablent trop rapidement d'un handicap quasi insurmontable, et cette impuissance à investir le camp adverse dans les vingt dernières minutes pour inverser le score. *« À la 60e, quand on est revenu à 8 points* (24-16), *on a cherché la pénalité qui nous aurait permis de recoller*, soupire l'ailier Yoann Huget. *Mais elle n'est jamais venue. Pour ça, il aurait fallu qu'on aille davantage jouer chez eux. »*

Quand le Stade Toulousain se retournera sur sa campagne européenne, il constatera qu'il aura fait mieux que rivaliser face aux Wasps (20-20 et 17-14), lors de la première phase, et presque tenu tête au Munster jusqu'à la 70e. Mais il y a ces chiffres, implacables, qui rappellent aussi qu'il n'aura remporté que trois de ses sept matches européens de la saison, dont deux face aux Italiens des Zebre. Un parcours finalement assez proche de celui qu'il épouse en Top 14, où sa dixième place à quatre journées de la fin de la saison régulière rend très utopique sa participation à la phase finale. *« C'est sûr qu'on ne peut pas isoler cette campagne européenne du reste de notre saison*, admet Thierry Dusautoir. *Et je ne suis pas certain qu'une meilleure place obtenue en poules nous aurait offert un match plus facile en quarts. »*

LAURENT CAMPISTRON,
***L'ÉQUIPE* du 2 avril 2017**

« La défaite des joueurs »

Yoann Huget a mis le doigt sur les insuffisances individuelles de Toulouse. Et il n'a pas tort.

« On peut toujours taper sur les entraîneurs, mais si nous, les joueurs, n'étions pas sortis du plan de jeu décidé, ça ne se serait pas passé comme ça, a déploré Yoann Huget au terme de la rencontre. *C'est la défaite des joueurs. »*

Les insuffisances, en effet, ont été criantes. Dès la deuxième minute, François Cros percute avec le coude le visage du demi de mêlée du Munster Duncan Williams, faute stupide qui lui coûta un carton jaune et provoqua indirectement une course à handicap de dix points (10-0 après dix minutes).

Autre problème : la touche. L'absence de l'Écossais Richie Gray dans l'alignement des Rouge et Noir n'explique pas que Peter O'Mahony ait pu chaparder trois lancers toulousains. La responsabilité du capitaine de touche Yoann Maestri est engagée. Les deux piliers du Munster, John Ryan et Dave Kilcoyne, ont effectué quinze courses, quand Cyril Baille et Census Johnston ont porté le ballon six fois à eux deux. Dans la stratégie choisie par le Stade, la précision du jeu au pied était cruciale. Elle n'a pas été à la hauteur. *« Quand le Munster te rend des ballons plein centre et que tu les laisses rebondir alors que tu dois les punir, c'est compliqué »*, résume Ugo Mola.

La faute individuelle la plus ressassée restait ce léger en-avant de Camara à la 66e minute, venu ruiner une longue séquence de possession et de percussions des Toulousains. *« À ce moment-là à 24-16, on sentait qu'ils se regardaient*, dira Yoann Huget. *Les gens vont nous prendre pour des fous si on dit qu'on ne se sent pas loin du niveau du Munster alors qu'on en a pris quarante. Mais si on regarde le contenu... »* Si on regarde le contenu, personne n'a sorti le match de sa vie, ni même de sa saison. C'était pourtant le jour ou jamais.

FRÉDÉRIC BERNÈS,
***L'ÉQUIPE* du 2 avril 2017**

Thomond Park, l'antre du Munster, qu'on ne surnomme pas pour rien « l'enfer rouge », salue la sortie d'un beau diable, le centre sud-africain du Munster Jaco Taute.

Clermont a retenu les leçons

Finaliste malheureux en 2013 et 2015 contre Toulon, le club auvergnat repousse à domicile les assauts de son bourreau préféré pour demeurer la dernière équipe française en lice en Coupe d'Europe.

La progression de la mêlée clermontoise contraint la première ligne toulonnaise et Guilhem Guirado à se relever.

Retrouvailles entre Morgan Parra et Ma'a Nonu, six ans après la finale du Mondial 2011 gagnée par le All Black (8-7)...

Il faudra bien songer un jour à ériger une statue à son effigie, silhouette épaisse, visage juvénile, cheveux au vent, quelque part aux abords du stade Michelin ou même place de Jaude, là où l'ASM a si souvent été à deux doigts de parader. Elle ferait alors face à celle de Vercingétorix, un autre roi arverne... « *Roro,* rigole son entraîneur Franck Azéma, *c'est vrai, c'est un monument et les gens s'en rendent trop peu compte. Quatre cents matches, c'est presque une vie et j'ai pourtant l'impression qu'il a toujours dix-huit ans.* »

Aurélien Rougerie, qui disputait donc sa 400e rencontre sous ses couleurs scintillantes, est l'un de ceux qui avaient courbé l'échine devant Toulon en 2013 (15-16) et 2015 (18-24). Deux finales perdues. Regrets éternels. Ils étaient six, sur la feuille de match, à avoir vécu les deux épisodes traumatisants et peut-être ne faut-il pas aller chercher plus loin la première raison du succès clermontois. La seconde tient au fait que Toulon était bien trop dépenaillé pour toiser son hôte. « *Il est certain que l'on a appris de ces matches-là,* enchaîne Azéma, *et que l'on peut aujourd'hui s'appuyer sur une plus grande maturité. Dans les moments difficiles, les temps faibles, le fait de pouvoir compter sur des leaders, des gars qui ont quelques années de plus, des sélections en équipe de France, l'expérience de matches internationaux n'a pas de prix.* » Les Clermontois n'ont rien gagné, et ça n'est pas une boutade, mais ils sont tout de même plus grands depuis hier. Parce qu'ils ont enfin assumé leur statut de favoris. Parce qu'ils ont aussi éliminé Toulon, l'ennemi forcément intime. Et puis parce qu'ils ont su construire la victoire avec des ingrédients qu'ils négligeaient parfois.

Ils ont été lucides, pragmatiques, solides et efficaces. « *Oui, on a été patients, on ne s'est jamais affolés,* résume le demi de mêlée Morgan Parra. *Ce fut un combat rude, intense, disputé dans des conditions difficiles, mais on a su se recroqueviller, être fort psychologiquement.* » Fort pour user et saper le moral de Varois qui n'ont soutenu la comparaison que l'espace d'une période (6-6 à la mi-temps). « *On s'est fait un peu peur, notamment en première mi-temps,* admet pourtant Rémi Lamerat, *mais on sentait que nos efforts finiraient par payer. Même si l'essai de Noa Nakaitaci (16-9, 61e) nous a fait beaucoup de bien.* »

Que dire, alors, du drop de Camille Lopez (19-9, 71e), dernière banderille plantée dans l'échine de Toulonnais fourbus? L'ouvreur basque ne cesse de monter en puissance depuis le début d'année et, comme en équipe de France, il a été un guide précieux et bien plus inspiré que son homologue François Trinh-Duc. « *On a passé une étape,* murmure le numéro 10 de

Aurélien Rougerie (à gauche) et Damian Penaud, l'ancien et le jeune de la ligne de trois-quarts auvergnate, saluent les supporters de Marcel-Michelin.

Clermont, *sans être forcément spectaculaires, mais efficaces.* » « *Après*, rumine Parra, pince-sans-rire, *on a si souvent été spectaculaires sans rien gagner que l'on pourrait peut-être gagner maintenant sans être spectaculaires.* »

Ce pourrait être un enjeu, même si gagner, simplement gagner, peu importe la manière, satisferait jusqu'au plus difficile des Auvergnats. Là-bas, dans le coin de la tribune Phliponeau, une banderole que l'on jurerait dessinée depuis une bonne dizaine d'années dit d'ailleurs : « *Cette année, c'est la bonne !!!* » « *Je ne sais pas si c'est la bonne*, sourit Rémi Lamerat, *mais je sais, en revanche, que cette Coupe d'Europe est vécue différemment, qu'elle déclenche un engouement particulier. Ce doit être l'héritage anglo-saxon laissé par les différents entraîneurs. À l'échauffement, en tout cas, j'avais des frissons et toute la semaine a été particulière à vivre.* »

La suite le sera aussi. Clermont sera opposé au Leinster en demi-finales. Comme face à Toulon, l'ASM s'est inclinée à deux reprises devant la province irlandaise, en quarts (28-29 en 2010), puis en demi-finales (15-19 en 2012). « *C'est très costaud, pragmatique, efficace*, résume Lamerat, *avec des centres dynamiques. On connaît ce jeu-là, mais on a toujours du mal à le contrer.* » Clermont n'a pas l'intention de laisser passer cette nouvelle chance, la cinquième demi-finale de son histoire. « *Je suis étonné de la manière dont les joueurs ont contenu leur joie dans le vestiaire*, raconte Franck Azéma. *Ça signifie qu'ils sont fiers du devoir accompli, mais ambitieux pour la suite.* » Le coach serait presque plus loquace que ses ouailles. « *Dans la gestion, l'attitude, c'est peut-être un match référence*, ose-t-il. *On a des raisons d'être satisfaits et de se projeter.* » S'en remettre alors aux chiffres... Puisque son équipe atteint la finale les années impaires et que Toulon n'est plus parmi les soupirants, alors, peut-être que...

PHILIPPE PAILHORIES,
L'ÉQUIPE du 3 avril 2017

6

Le nombre de joueurs clermontois qui ont participé aux trois confrontations contre Toulon en phases finales de Coupe d'Europe : Benjamin Kayser, Davit Zirakachvili, Damien Chouly, Morgan Parra, Ludovic Radosavljevic et Aurélien Rougerie.

Clermont, mental d'acier

Les saisons précédentes, l'ASM aurait perdu contre son vieil ennemi irlandais. Mais elle tient bon avec vaillance et se qualifie à Gerland pour sa troisième finale européenne.

Et bing ! Un grand coup de crampons de David Strettle, renversé par un Irlandais, dans l'œil de son partenaire Damien Chouly, et voilà le capitaine clermontois qui achève en semi-nocturne sa demi-finale ensoleillée. « *Les vingt dernières minutes, j'y voyais trouble*, raconte le flanker clermontois, l'œil droit fermé. *Mais Peceli* (Yato) *était déjà sorti, je devais rester.* » Pour survivre, réellement, avec une ASM tenue dans les cordes par un Leinster qui a omis de débuter à l'heure : 15-0, à la 15e. Aurélien Rougerie, formidable d'engagement, a beau jurer : « *J'étais sûr et certain que les Irlandais allaient revenir ; du coup, on ne s'est pas affolés* », de notre place, dans une tribune de Gerland joviale, on a songé que... Bah, que Clermont ferait sa spéciale finale – désolé... – une marche plus tôt qu'à l'accoutumée. Qu'il allait craquer sous la pétoche. Non ! « *On sent les choses bouger, changer, elles s'articulent mieux. Mais il faut le démontrer sur le terrain* », affirmait le coach Franck Azéma avant le match.

Après sa démonstration offensive, assise sur une confiscation des munitions aériennes dans la première demi-heure, l'ASM s'est égarée, a moins tenu le ballon. Mais elle n'a jamais permis au Leinster de prendre l'avantage. Sauf, une fois, après une formidable combinaison irlandaise conclue par Dan Leavy (56e) et un vrai-faux essai corrigé à la vidéo sur intervention d'Aurélien Rougerie qui, en vieillissant, sait tout faire... Cinquième arbitre, ici ! Mais aussi artiste, un peu plus tôt, avec une passe après contact dans la chute.

Ses deux essais, par son troisième-ligne fidjien Peceli Yato (7-0, 4e) puis par David Strettle (15-0, 15e), Clermont les a pour sa part inscrits après deux inspirations superbes de Morgan Parra. Deux passes de dix-huit et quatorze mètres, l'une lobée, l'autre plus tendue, à destination du même joueur, l'ailier David Strettle. Et si l'Anglais, pressé par Isa Nacewa, a dû taper à suivre pour Yato sur le premier, il n'a eu besoin de personne pour conclure le second. La similitude de ces deux actions, du moins la voie trouvée par le demi de mêlée clermontois pour casser le rideau adverse, interpelle. Mais l'ancien numéro 9 des Bleus (28 ans, 66 sélections) rejette toute préméditation. « *Ça se décide sur l'instant. On n'avait pas spécialement identifié de points faibles chez eux à ce niveau-là*, affirme Parra, sorti blessé aux ischio-jambiers. *Je vois que "Strett" est décalé ; du coup, j'allonge les passes.* »

Dit comme ça, c'est simple. À vitesse réelle, c'est prodigieux. À chaque fois, Parra donne l'impression d'aller au ruck à deux à l'heure. Mais son cerveau, lui, carbure à dix mille. Parra lève

Quelle entame ! Décalé au pied par l'ailier David Strettle, Peceli Yato plonge le premier dans l'en-but du Leinster (7-0, 4e).

La première ligne des supportrices clermontoises, très organisée dans les tribunes de Gerland.

3

Le match disputé à Lyon était le troisième à opposer Clermont et le Leinster en phase finale de Coupe d'Europe. Les Irlandais avaient remporté les deux premiers, en quarts de finale en 2010 (28-29 à Dublin) et en demi-finales en 2012 (15-19 à Bordeaux).

la tête pour analyser la situation avant de s'emparer du ballon, prend sa décision en une fraction de seconde et, surtout, effectue le geste technique juste pour éviter une interception assassine du Leinster, le risque principal sur ce type d'action. « *Je sais qu'il y a un avantage pour nous* », précise Parra qui, lucide, a en effet vu le bras tendu de M.Owens signalant un en-avant irlandais sur la première des deux actions. Soit le moment rêvé de tenter un coup. Tant pis si ça capote. « *Si on se fait intercepter, l'arbitre revient à la pénalité* (la mêlée en réalité) *pour nous. Le risque est calculé.* »

Azéma : « Ce n'est pas bon pour mon cœur »

L'analyse vaut pour le premier essai. Pas pour le second. Aucune situation d'avantage. Sauf celui d'évoluer à quinze contre quatorze après le carton jaune de Nacewa, le vis-à-vis de Strettle. Le flanc gauche de l'arrière garde irlandaise est dégarni et Parra l'a compris. « *On savait qu'ils étaient beaucoup sur le premier rideau*, salue le centre de l'ASM Rémi Lamerat. *Après, on a beau faire de la vidéo toute la semaine, ce sont des choix instantanés sur le terrain. Quand on a une charnière comme celle formée par Camille* (Lopez) *et Morgan, qui font des choix à une telle vitesse, à ce niveau-là, c'est super.* »
Lopez, lui, a brillé, auteur de deux drops de loin quand son équipe était secouée, qu'il ne fallait plus se tromper (21-12, 65e ; 27-19, 76e). Azéma savoure : « *Ce n'est pas bon pour mon cœur, mais pour le caractère de l'équipe, si ! La grosse évolution, c'est qu'en matière de leadership les joueurs prennent leurs responsabilités sur le terrain, mais aussi dans la semaine, à l'entraînement* ». Et ça lui plaît. Tous jouent le jeu, à l'image de Paul Jedrasiak, entré à dix minutes de la fin : « *On est quarante. Il y a des cadres et il faut qu'ils se reposent. À nous de prendre le relais en Top 14 et d'être sérieux.* »
Avec l'idée, pour quelques-uns, de gratter une place pour la finale d'Édimbourg à Murrayfield. Damian Penaud (20 ans) a parfaitement postulé au stade de Gerland. À la dernière minute, le trois-quarts récupère le renvoi de Camille Lopez sur la ligne des 22 mètres. La balle de match. « *Je n'ai pas le temps de penser à ça sur le coup, mais c'est vrai que, si je ne prends pas le ballon, on aurait été obligés de défendre, sans savoir ce qui peut arriver* », relate Penaud. Franck Azéma, radieux soudainement, lâche : « *Prendre un renvoi en Espoirs est une chose, mais à ce niveau, c'en est une autre.* »

ARNAUD REQUENNA et CLÉMENT DOSSIN,
***L'ÉQUIPE* du 24 avril 2017**

« Il ne va jamais arriver jusqu'aux barres ! »

L'ouvreur auvergnat Camille Lopez raconte comment il a vécu ses deux drops de quarante mètres inscrits dans le dernier quart d'heure, dont l'un fut loin d'être parfait...

Le premier des deux bijoux de Camille Lopez : le botteur de l'ASM se déséquilibre juste ce qu'il faut pour transmettre au ballon la puissance et la bonne direction (21-12, 65e).

Dans un couloir étroit et lugubre de Gerland, Camille Lopez traîne son sac vers la lumière. Au bout du corridor, une meute de supporters ivres de joie et pas seulement... Dans sa roue, Morgan Parra est stoppé par des journalistes : « *Oh, Ramiro, tu m'attends ?* » hurle le numéro 9 à son ouvreur. « Ramiro » Lopez, surnom inspiré de Ramiro Pez, ex-demi d'ouverture de l'équipe d'Italie dont la carrière fut aléatoire (40 sélections entre 2000 et 2007).

Mais l'ouvreur international de l'ASM a été l'un des grands artisans du succès auvergnat face au Leinster. Lors du second acte, le numéro 10 des Bleus a claqué deux drops (65e et 76e) qui ont renvoyé à chaque fois ses adversaires à neuf points, mettant Clermont à l'abri d'un essai assassin de fin de rencontre. « *Camille nous a enlevé une belle épine du pied* », résume son coéquipier Rémi Lamerat. La pression pesait sur les épaules de Lopez. « *Sur le premier drop,*

Morgan a la même idée que moi : il a insisté pour que je me mette dans une bonne position et les avants m'ont permis de la prendre », décrit-il. Du poste de commentateur, on l'a vu venir d'à peu près cent bornes. Les Leinstermen également, sans pouvoir rien y faire.
Le second fut plus instinctif, mais encore plus important. *« Je le prends un peu plus en dessous, la sensation du coup de pied est moins bonne*, raconte Lopez. *Cela se voit d'ailleurs beaucoup sur la trajectoire du ballon. En reculant, je me disais : "Putain, il ne va jamais arriver jusqu'aux barres !" »* Finalement, si ! Lamerat aussi a apprécié le moment : *« Je me dis : cool, on va passer en finale ! »*
Les suiveurs assidus de l'ASM savaient Camille Lopez porté sur l'exercice. Il avait déjà passé trois drops en club cette saison, dont deux en Top 14. La mémoire rétinienne avait davantage retenu son échec à la dernière seconde, en novembre 2016, face à l'Australie (23-25, *lire p. 15*). Même s'il lui a servi, lui dit ne pas avoir ruminé ce raté. *« Je travaille ce geste de manière assez classique avec Xavier* (Sadourny), *Morgan* (Parra) *et "Rado"* (Radosavljevic) *pour m'habituer à leur passe*, expliquait-il encore. *J'essaye d'être le plus régulier possible dans mon geste, même si on est rarement dans la même position : la pression adverse varie forcément, celle du match aussi. Je me concentre surtout sur le lâcher du ballon. J'essaye de le garder le plus longtemps dans les mains, de le maîtriser proprement afin de le lâcher le plus droit possible. »*
Du coup, le héros du jour savourait, tranquillement : *« Je prends cela pour une récompense parce que je sais que, dans ce genre de match, je dois être en mesure de prendre ce type de responsabilités. »*

RENAUD BOUREL,
***L'ÉQUIPE* du 24 avril 2017**

Clermont 15 **27**
Leinster 3 **22**

Arbitre : M. OWENS (GAL). **Matmut Stadium de Gerland.** 40 024 spectateurs.

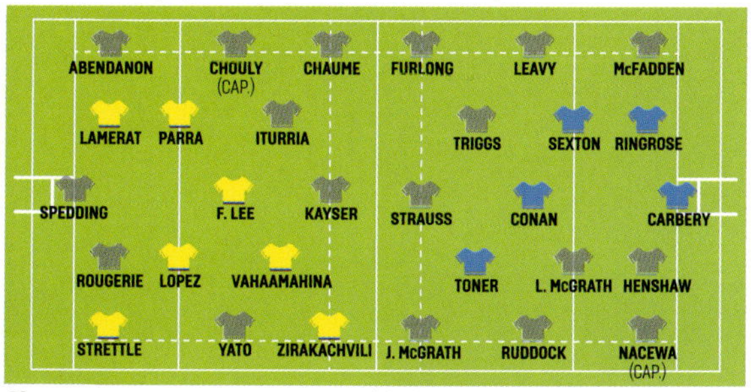

Clermont
Réalisations : 2 E, Yato (4e), Strettle (15e) ; 3 B, Parra (9e, 57e), Lopez (72e) ; 2 D, Lopez (65e, 76e) ; 1 T, Parra (4e).
Remplacements : 53e : Kayser par Ulugia, Yato par Lapandry ; 57e : Rougerie par Penaud ; 65e : Zirakachvili par Jarvis, Chaume par Falgoux ; 66e : Lamerat par Fernandez ; 70e : Vahaamahina par Jedrasiak, Parra par Radosavljevic. **Carton :** aucun.
Entraîneurs : F. Azéma et J. Gibbes

Leinster
Réalisations : 1 E, Ringrose (68e) ; 5 B, Sexton (40e, 44e, 49e, 53e, 79e) ; 1 T, Sexton (68e).
Remplacements : 50e : Strauss par Cronin ; 62e : J. McGrath par Dooley, Triggs par Molony ; 65e : Leavy par Van der Flier, L. McGrath par Gibson-Park ; 72e : McFadden par Kirchner, Furlong par Bent. **Carton : 1 jaune** : Nacewa (9e).
Entraîneur : Leo Cullen.

Et Rougerie est allé voir l'arbitre...

Le match s'est joué sur une action capitale, qui a vu l'ailier de Clermont user de sa bonne réputation et de son expérience pour faire revenir M. Owens sur une décision.

On joue la 56e minute de jeu et l'avance de Clermont à la mi-temps (15-3) a déjà fondu comme neige au soleil (15-12). Dans son propre camp, le Leinster lance une nouvelle offensive qui se conclut par un essai splendide de son numéro 7, Leavy.
Sauf qu'au départ de l'action ce même Leavy retient Rougerie par la cheville au bord d'un ruck, l'empêchant de défendre sur McFadden, qui s'infiltre pile à cet endroit… *« Je vais alors voir l'arbitre très calmement*, rapporte Aurélien Rougerie, 36 ans, qui, n'étant pas capitaine, n'avait pas le droit de s'adresser à M. Owens. *Si tu l'agresses, que tu cries, c'est mort. Je lui ai juste demandé de vérifier le départ de l'action à la vidéo. Il se tourne vers l'arbitre de touche, qui lui fait signe qu'il y a peut-être quelque chose… Je suis sûr de moi. Il y a une grosse obstruction. L'arbitre vérifie à la vidéo et annule l'essai. »*
M. Owens accorde la pénalité à Clermont. Parra la transforme. De 15-17 (voire 15-19), le score passe à 18-12. *« J'y suis allé à l'expérience »*, s'amuse l'international français.

FRÉDÉRIC BERNÈS,
***L'ÉQUIPE* du 2 avril 2017**

Rien ne pouvait arrêter Aurélien Rougerie sur le chemin de sa troisième finale européenne…

La loi des Sarries

À Édimbourg, face aux Saracens, l'ASM perd sa troisième finale de Coupe d'Europe après celles de 2013 et 2015. Les tenants anglais, sûrs de leur force, n'ont guère laissé d'espoir à Clermont.

Mais combien de fois a-t-il pu vivre cette scène ? Combien de fois est-il monté sur le podium la tête basse, pour passer à côté d'un trophée sans le saisir et ne recevoir qu'une médaille trop terne et une accolade de réconfort ? C'est arrivé en France, ça s'est répété en Europe, et ça s'est reproduit hier en Écosse. Aurélien Rougerie incarne l'ASM depuis ses débuts en 1999 et il en vit les douleurs intimes depuis.

Mais, comme Clermont, il ne se défile pas : à Murrayfield, il a été le premier, alors que les Saracens commençaient à s'avancer gaiement vers le trophée, à rameuter les troupes jaune et bleu, les blessés de l'âme, les meurtris dans leur chair, et à les mener vers le public auvergnat pour le remercier de sa présence sonore dans les tribunes.

« Dans le vestiaire, après le match, l'humeur était sombre mais Rougerie a rappelé qu'il y avait encore deux matches de Championnat à jouer », révélait Nick Abendanon. Mais Dieu que les Jaunards ont souffert de cette troisième défaite sur la dernière marche européenne. Arthur Iturria a semblé refuser sa médaille. Assis sur la pelouse, Benjamin Kayser paraissait K.-O., lui qui a perdu cinq finales européennes, une avec le Stade Français (2005), une autre avec Leicester (2009), trois avec l'ASM (2013, 2015, 2017). Dont trois dans ce même stade de Murrayfield... Mais l'ASM était aussi dominée par un sentiment autre que l'unique amertume : une déception réaliste. Celle d'avoir perdu contre plus fort que soi, en ayant réussi à exister. Car les Saracens étaient arrivés à Édimbourg en champions d'Europe et en épouvantail. Et ils ont confirmé que cette ère est la leur.

Les Anglais savaient que les entames de match étaient le point fort de leur adversaire depuis le début de la saison européenne ? Ils ont essayé de prendre les Auvergnats à leur propre jeu, en se montrant menaçants dès la première minute, Ashton étant stoppé in extremis par Abendanon. Les Clermontois durent céder assez vite sous les assauts ordonnés et patients des Sarries. L'ASM avait souligné la qualité de leur jeu au pied ? C'est ce geste qui amena l'essai d'Ashton (0-5, 13e), insatiable finisseur. Moins de dix minutes après, Kruis creusait l'écart (0-12, 22e). *« On a subi, et quand on accumule tant de points de retard si tôt contre une équipe comme ça... C'est dur ! »* résumait Abendanon.

Clermont a eu le mérite de courber l'échine sans plier, en causant des soucis dans les rucks aux Anglais, dont ils grattaient plusieurs ballons. Et de se réveiller en sursaut : sur une mêlée à cinq mètres de l'en-but adverse, Parra lançait Rougerie sur une passe sautée.Le capitaine auvergnat était stoppé tout près de la ligne d'essai, mais Lamerat inscrivait en force un premier essai clermontois rageur (7-12, 27e). Puis le début de seconde mi-temps était encore de belle facture. *« À la pause, on s'est dit que nos sorties de balle étaient trop lentes, qu'on devait aller plus au large »*, explique l'ailier anglais de Clermont. Ce fut payant sur un pur moment de brillance clermontoise, un essai de 90 mètres sur une relance décidée de Scott Spedding, assisté par toute une chaîne jaune et bleu huilée, de Chouly à l'explosif Yato pour être conclu par Abendanon (14-15, 52e).

Damien Chouly (numéro 6), aidé de Vahaamahina, Yato, Iturria, Kayser... mène un maul de l'ASM près de la ligne des Saracens.

Nick Abendanon, servi par Yato, part à toutes jambes sur son aile gauche. Les Sarries Goode (à gauche) et Itoje savent déjà qu'ils ne le reverront pas (14-15, 52e).

les dix derniers vainqueurs

- **2017 :** Saracens (ANG)
- **2016 :** Saracens (ANG)
- **2015 :** Toulon
- **2014 :** Toulon
- **2013 :** Toulon
- **2012 :** Leinster (IRL)
- **2011 :** Leinster (IRL)
- **2010 :** Toulouse
- **2009 :** Leinster (IRL)
- **2008 :** Munster (IRL)

À ce moment-là, Clermont semblait en mesure de réussir le hold-up. Mais voici ce qui le sépare encore des Saracens : Lee cafouillait aussitôt le renvoi et les Sarries remettaient la pression pour accroître leur avance (14-18, 58e). L'ASM a commis trop de petites imprécisions pour vraiment espérer l'emporter, comme cette pénalité loupée par Camille Lopez (76e), qui aurait été la réponse parfaite à l'essai de Goode après une mêlée près de la ligne suivie de jeu au large (17-25, 73e). Lopez en a versé quelques larmes après le coup de sifflet final, mais personne ne lui en voudra dans les rangs de Clermont. Le président du club, Éric de Cromières, résumait pourquoi : *« Il y a une grosse déception et l'on ne peut pas sortir de là avec le sourire. Mais c'était un grand match de rugby, et on a perdu contre plus forts que nous. Il y a des finales qui laissent des regrets ; pas celle-là. Il y a une grande fierté, parce que les joueurs ont tout donné. »* Pris en étau entre deux règnes rouge et noir, puisque les Saracens ont succédé à Toulon (vainqueur de l'ASM en 2013 et 2015) dans le rôle de bourreaux, les Clermontois ne peuvent toutefois se contenter éternellement de ces nobles défaites. À eux d'identifier ce qu'il leur faut changer et améliorer pour enfin toucher ces trophées que d'autres soulèvent.

AURÉLIEN BOUISSET,
***L'ÉQUIPE* du 14 mai 2017**

Clermont	7	**17**
Saracens	12	**28**

Arbitre : M. OWENS (GAL). **Murrayfield.** 55 272 spectateurs.

Clermont : 6 ABENDANON, 6 CHOULY (CAP.), 5 CHAUME, 6 LAMERAT, 5 PARRA, 5 ITURRIA, 7 SPEDDING, 6 LEE, 5 KAYSER, 5 ROUGERIE, 5 LOPEZ, 6 VAHAAMAHINA, 4 STRETTLE, 6 YATO, 6 ZIRAKACHVILI

Saracens : 5 KOCH, 7 WRAY (CAP.), 7 ASHTON, 7 KRUIS, 8 FARRELL, 7 BOSCH, 6 GEORGE, 8 B. VUNIPOLA, 7 GOODE, 6 ITOJE, 7 WIGGLESWORTH, 6 BARRITT (CAP.), 6 M. VUNIPOLA, 6 RHODES, 5 WYLES

Clermont

Réalisations : 2 E, Lamerat (27e), Abendanon (52e) ; 1 B, Parra (61e) ; 2 T, Parra (27e, 52e).
Remplacements : 45e : Vahaamahina par Jedrasiak (5) ; 55e : Chaume par Falgoux, Rougerie par Penaud ; 62e : Yato par Lapandry ; 67e : Kayser par Ulugia ; 71e : Spedding par Fernandez ; 75e : Parra par Radosavljevic ; 77e : Zirakachvili par Jarvis. **Temporaires :** Chaume par Falgoux (23e-26e) ; F. Lee par Yato (64e-66e).
Cartons : aucun.
Entraîneurs : F. Azéma, J. Gibbes, D. Bès.

Saracens

Réalisations : 3 E, Ashton (13e), Kruis (22e), Goode (73e) ; 3 B, O. Farrell (51e, 57e, 79e) ; 2 T, O. Farrell (22e, 73e).
Remplacements : 50e : J. George par Brits (6) ; 55e : Barritt par D. Taylor ; 62e : Wray par Burger ; 77e : M. Vunipola par Lamositele ; 78e : Koch par Du Plessis, Wigglesworth par Spencer, Wyles par Lozowski, Itoje par J. Hamilton.
Cartons : aucun.
Entraîneur : M. McCall.

Les Saracens et la fièvre du jeu

On les attendait en défense, mais c'est dans les mouvements offensifs, remarquables de précision, que les Sarries ont construit leur succès.

En partance pour Toulon, l'ailier des Saracens Chris Ashton, nouveau recordman des essais en Coupe d'Europe (37, soit un de plus désormais que Vincent Clerc), ne tarissait pas d'éloges sur le jeu dont il est partie prenante. *« Contrairement à la finale 2016* (remportée à Lyon 21-9 face au Racing 92 dans un match sans essai), *nous avons davantage joué à la main. Nos offensives ont parfois été remarquables. Nous avons su nous créer des intervalles, entrer dedans et mettre la défense adverse sur les talons. C'était superbe à regarder de là où j'étais... »*
Ce que le coach des battus, Franck Azéma, confirmait : *« Ils rythment leu jeu avec des passes dans le dos sur des attaques incessantes. Ce qui fait la différence, c'est la réalisation. »*
Offensivement, les Sarries sont montés d'un cran. L'équipe hermétique qui fondait sa stratégie sur le contre s'ouvre à d'autres horizons. *« Pour gagner un match, il faut entrer et rester dans les 22 mètres de l'adversaire. Et pour attaquer, il faut une bonne conquête, en mêlée et en touche. Il faut donner du rythme »*, précise Mark McCall, le coach des Saracens.
En témoigne leur première attaque dès la première minute, sur touche, en première main, pour décaler Chris Ashton. Leurres, courses croisées, passes au cordeau derrière des renversements d'attaque. Et aussi l'ouvreur Farrell qui attaque avec autour de lui des avants qui passent sur un pas : le registre offensif des Saracens, face à un Clermont réputé pour son jeu spectaculaire, était d'une précision chirurgicale. Mais ce que Mark McCall apprécie, c'est que *« nous ne nous soyons pas renfermés sur nous-mêmes dans les vingt dernières minutes pour assurer la victoire. »*
Ça aussi, c'est la marque des nouveaux Saracens. *« Nous avons progressé depuis la saison dernière et, si le groupe a encore de l'appétit, je pense que nous pouvons continuer à progresser »*, continue McCall. Voilà qui promet.

RICHARD ESCOT,
***L'ÉQUIPE* du 14 mai 2017**

Azéma admiratif

Beau joueur, le coach montferrandais a tenu à saluer la performance adverse : *« On a été battus par plus fort que nous sur l'ensemble du match, même si on n'a rien lâché. À la 72e minute on n'était menés que 17-18... On a été dominés dans les impacts, dans l'occupation du terrain, mais on a rarement cédé. Les Saracens ont la capacité de mettre constamment l'adversaire sous pression. Et nous n'avons pas été capables de nous en dépêtrer. À la mi-temps, on dit aux joueurs qu'on était cinq points derrière et qu'on pouvait rebondir. Il aurait fallu répéter les séquences avec lesquelles on a marqué. Mais on n'a pas été capables de le faire. Les Saracens ont su nous ralentir tous les ballons. La défaite est logique. »*

RICHARD ESCOT,
***L'ÉQUIPE* du 14 mai 2017**

Maro Itoje (à gauche) et Owen Farrell prennent en tenaille le Clermontois David Strettle.

« On veut gagner tous les titres »

Marcelo Bosch, le centre argentin des Sarries, passé par Biarritz entre 2006 et 2013, évoque la solidité de son équipe, qui ne se lasse pas d'enchaîner les succès.

Leader de terrain comme de vestiaire, Marcelo Bosch, coupe en mains, mène la fiesta des Sarries dans les salons de Murrayfield.

Pensez-vous avoir disputé votre meilleur match de la saison ?
Probablement, oui... En première mi-temps, on a joué un énorme rugby. Mais, à la pause, il n'y avait que cinq points d'écart *(7-12)*, et on se doutait qu'il faudrait enchaîner sur quarante autres bonnes minutes. Clermont est revenu à un point *(17-18)*. On a tenu et on a joué dans les bonnes zones, ce qui a payé à la fin.

Ce titre n'est-il pas plus fort que celui de 2016 (21-9 contre le Racing à Lyon), dans la mesure où tout le monde vous attendait ?
Je pense que notre sacre démontre surtout la qualité mentale de l'équipe. On a gagné le Championnat d'Angleterre et la Coupe d'Europe en 2016, et, aujourd'hui, on est encore là. On veut gagner tous les titres ! L'expérience, dans des matches comme ça, dans les moments délicats, c'est primordial...

Réaliser un doublé européen avec les Saracens, vous l'auriez imaginé quand vous les avez rejoints, en 2013 ?
Les Saracens forment un club spécial, qui ne pense pas qu'au joueur, mais aussi à la famille du joueur. Si tu viens d'un pays étranger, le club t'aide vraiment pour t'installer et, pour moi, ç'a été très important. Voilà quatre ans que je suis là, et, non, je n'imaginais pas vivre des moments comme ceux-là, jouer dans une équipe qui te donne envie de continuer, qui te motive à l'idée de progresser chaque week-end, y compris à mon âge *(33 ans)*. Je suis très heureux d'appartenir aux Saracens !

HAMID IMAKHOUKHENE,
L'ÉQUIPE du 15 mai 2017

La 66e minute, un chef-d'œuvre collectif

S'il fallait résumer l'excellence des Saracens, Pierre Berbizier, Dimitri Yachvili et Guy Accocebery, tous trois anciens demis de mêlée tricolores, choisiraient *« l'action de la 66e minute »*, lâchent-ils en chœur.
Une offensive où, sur une sortie de ruck, côté droit, huit joueurs des Saracens dont cinq joueurs du pack vont toucher le ballon sur le large, avant que Billy Vunipola, si puissant, finisse son rush à cinq mètres de la ligne avec trois Clermontois sur le râble. *« Une action fabuleuse, avec des passes dans la défense, au contact »*, glisse Guy Accocebery. *« Un véritable ballet*, dixit Berbizier. *Cette action traduit leur supériorité. Ils se passaient le ballon comme des virtuoses. Le ballon était volleyé au contact. »* Yachvili prend pour référence le rugby sudiste : *« Avec leurs leurres, on dirait du XIII. L'ouvreur Owen Farrell a systématiquement deux partenaires à hauteur de chaque côté et un derrière. »*

RICHARD ESCOT,
L'ÉQUIPE du 15 mai 2017

Oui à l'effusion !

À Murrayfield, le Stade Français, plein de cœur, enlève contre Gloucester son premier trophée continental, au terme d'une saison marquée par le refus de la fusion avec le Racing 92.

À la réception d'une chandelle, les Stadistes Will Genia et Sergio Parisse (numéro 8) disputent la balle à l'Anglais Charlie Sharples.

Jusqu'au bout les Parisiens auront surpris et étonné ; jusqu'au bout, ils auront inspiré le respect et suscité une forme d'admiration même. Pour la discipline qu'ils ont affichée à Murrayfield (deux pénalités concédées contre douze pour les Anglais), mais aussi pour leur saison crispante puis cauchemardesque et finalement remarquable. Le Stade Français est devenu en Écosse le septième club français à inscrire son nom au palmarès de la petite Coupe d'Europe. Ça n'a ni la saveur d'un bouclier de Brennus, remporté quatorze fois par Paris, ni le goût jamais connu de la grande Coupe d'Europe, où Paris échoua deux fois en finale (2001, 2005), mais le camp parisien goûte pleinement ce succès remporté aux dépens d'une solide équipe de Gloucester. Juste avant le coup de sifflet final, du bord du terrain, dont il fut privé en raison d'une suspension, Pascal Papé a bien résumé la situation : *« Au vu du match, c'est mérité. On est vraiment une équipe au-dessus du lot au niveau de l'état d'esprit. Cette rencontre reflète notre saison. »*

Dans des conditions de jeu typiquement britanniques, (le froid, la bruine, le vent), le Stade Français a montré à quel point il disposait d'une force mentale exemplaire. Après l'épisode de la grève anti-fusion, le Stade Français a remporté six victoires en huit matches, Championnat (où il a échoué à une cruelle septième place) et Challenge européen compris, pour glaner le premier titre européen de l'histoire du club. Pourtant, l'affaire fut mal engagée pour les Parisiens, qui virent l'adversaire frapper le premier. Jonny May a souvent des cannes sous le

« Après l'annonce de la non-fusion le 19 mars, l'objectif était de faire le boulot pour que le club reste en Top 14. Dans le rugby professionnel, ce que ce groupe a fait, on se le rappellera longtemps. Les joueurs ont réussi à trouver les ressources, et la fin est géniale. Je suis gavé de bonheur. Pas un mec n'a décroché, tout le monde a bossé dur, engagé dans son job. »

GONZALO QUESADA, manager du Stade Français.

maillot de l'équipe d'Angleterre. L'ailier gauche anglais profita d'une interception de passe entre Danty et Waisea, pour montrer qu'en club aussi il va très vite. Au bout d'une course en solitaire de quatre-vingt mètres, il permettait aux Cerise et Blanc de prendre la finale par le bon bout (7-0, 14e). Mais, depuis deux mois, Paris n'est plus le même.

« Vu le contexte de cette saison, cette victoire vaut double. Match après match, on savait qu'on se rapprochait de la fin pour ce groupe incroyable. La veille du match, on a fait une remise de maillots, et j'ai vu des joueurs en larmes, déçus de voir des potes partir : Bonneval, Sinzelle, Doumayrou, Lakafia, Slimani, Ross, Mostert, De Malmanche, Williams... On s'est battus pour ce club, sur le terrain et en dehors. On a pris nos responsabilités. »

SERGIO PARISSE, capitaine du Stade Français.

À la demi-heure de jeu, alors qu'il bénéficiait d'un avantage en cours dans les vingt-deux mètres adverses, Will Genia tapait en chandelle vers les poteaux de Gloucester. À la retombée, le deuxième-ligne Hugh Pyle rabattait le ballon vers Parisse, qui marquait et égalisait (10-10, 32e).

En deuxième période, malgré une belle occasion d'essai pour l'arrière de Gloucester, le Néo-Zélandais Marshall (56e), l'affaire fut maîtrisée de belle manière par les Stadistes. Dominé, l'adversaire anglais était à son tour victime d'une interception de passe signée Camara. L'ailier international trouvait Bonneval au relais, lequel transmettait à Danty, qui s'en allait marquer l'essai si important au prix d'une longue course (10-15, 58e). Un but de Steyn et un troisième essai, signé de Geoffrey Doumayrou après un beau travail d'appuis, une course redressée et une longue accélération, scellaient le sort de cette finale (10-22, 71e).

Une page se tourne au Stade Français. Slimani, Bonneval, Lakafia, Sinzelle, Doumayrou vont partir. Thomas Savare va vendre le club. Mais cette aventure humaine du printemps 2017 restera l'un des grands moments de l'histoire du club.

HAMID IMAKHOUKHENE,
***L'ÉQUIPE* du 13 mai 2017**

Gloucester	10	**17**
Stade Français	10	**25**

Arbitre : M. Lacey (IRL). **Murrayfield.** 24494 spectateurs.

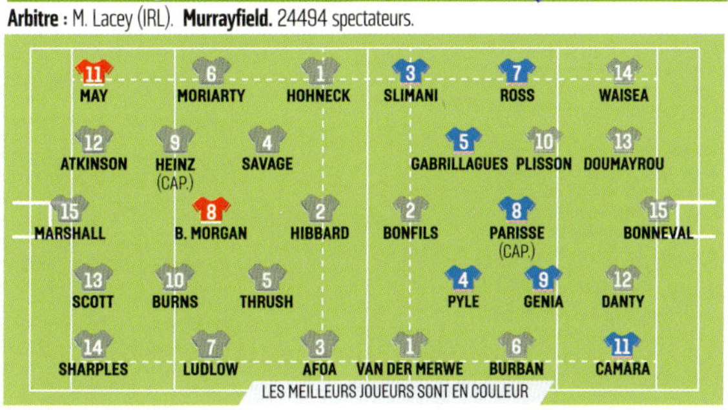

Gloucester

Réalisations : 2 E, May (14e), Moriarty (79e) ; 1 B, Burns (22e) ; 2 T, Burns (14e, 79e).

Remplacements : 21e : Afoa par McAllister ; 41e : Heinz par Laidlaw ; 60e : Savage par Galarza ; 62e : Scott par Twelvetrees ; 63e : Hohneck par Y. Thomas ; 73e : Hibbard par Dawidiuk ; 75e : Thrush par Clarke.

Carton : 1 jaune : Heinz (33e).

Entraîneur : D. Humphreys.

Stade Français

Réalisations : 3 E, Parisse (32e), Danty (58e), Doumayrou (71e) ; 2 B, Plisson (27e), M. Steyn (75e) ; 2 T, Plisson (32e), M. Steyn (71e).

Remplacements : 41e : Slimani par Alo-Emile ; 59e : Burban par Lakafia ; 67e : Plisson par M. Steyn, Pyle par Alberts ; 70e : Genia par Dupuy, Van Der Merwe par Slimani ; 73e : Bonfils par Panis, Danty par Sinzelle.

Cartons : Aucun.

Entraîneurs : G. Quesada, S. Raiwalui et G. Cooper.

5

Le nombre de finales européennes disputées par le Stade Français. Les Parisiens avaient perdu les quatre premières : deux dans la grande Coupe d'Europe (contre Leicester en 2001 et contre Toulouse en 2005), deux en Challenge européen (contre les Harlequins en 2011 et contre le Leinster en 2013).

7

Le nombre de clubs français vainqueurs du Challenge européen : Bourgoin (1997), Colomiers (1998), Clermont (1999, 2007), Pau (2000), Biarritz (2012), Montpellier (2016) et le Stade Français (2017).

Le capitaine Sergio Parisse et Jules Plisson (de dos) présentent le trophée des vainqueurs à des supporters du Stade Français apparemment intimidés.

Sous une pluie de confettis et dans une forêt de bras tatoués, Chaume, Fernandez, Rougerie, Yato (en contrebas), Chouly et Parra (de g. à dr.) exposent le deuxième bouclier de Brennus de l'ASM après 2010.

TOP 14

À la sortie du Stade de France, le 4 juin, après la finale gagnée par Clermont contre le RCT (22-16), on a même croisé des Toulonnais point trop malheureux. Car le deuxième titre des Jaune et Bleu a été ressenti par la France du rugby comme une forme de justice, récompense d'un beau jeu assumé et d'échecs répétés qui ne l'étaient pas. Ce sport est cruel. En 2017, c'est La Rochelle qui l'a appris à ses dépens...

Inattendus au port

Neuvième du Championnat en 2016, le Stade Rochelais se qualifie pour la phase finale quatre journées avant la fin du Top 14, à la faveur de sa septième victoire à l'extérieur de la saison.

Uini Atonio, le pilier de La Rochelle et des Bleus, plaque le Palois Jamie Mackintosh, tandis que le centre Levani Botia tente de lui arracher la balle.

Et si Patrice Collazo était juste superstitieux ? Comme les semaines précédentes, le manager du Stade Rochelais n'est pas passé par la zone où l'attendaient les médias pour donner son sentiment sur l'inattendu parcours de son équipe. Et ça marche ! Car si Collazo ne parle pas, son équipe le fait pour lui, balle en main. Pour leur troisième saison en Top 14 depuis leur retour de Pro D 2, au printemps 2014, les Maritimes ont assuré leur qualification pour les barrages à quatre journées de la fin, et leur présence directe en demi-finales ne fait presque pas de doute. *« Je me répète chaque semaine, mais on continue notre marche sans forcément faire les comptes ; on ne se prend pas la tête »*, élude pourtant, en souriant, le centre Pierre Aguillon. Quelques minutes plus tard, son partenaire, Romain Sazy, l'un des patrons du vestiaire et l'un des plus anciens joueurs du club, restait insensible à l'écoute de chiffres qui en disent long : douze victoires d'affilée, Challenge européen et Top 14 confondus, série en cours depuis la mi-décembre 2016. Mais aussi cinquième victoire de suite en déplacement, à Pau cette fois-ci, pour un total de sept depuis le début de la saison. *« Cinquième succès de suite dehors*, interrogeait-il ? *Ne pas compter fait peut-être notre force. Il faut le vivre de l'intérieur du groupe, dans la semaine. Franchement, on reste super humbles et mesurés. Bien sûr qu'on est fiers parce que les résultats à l'extérieur, ça forge le groupe. On a eu tellement de mal les années précédentes à décrocher un succès loin de La Rochelle que, là, dès le premier déplacement à Grenoble* (19-22, 2e journée), *on a senti qu'il y avait eu quelque chose. On a enchaîné à Castres* (18-26, 3e journée) *et on s'est dit : c'est peut être notre année. On grandit dans ce Top 14. Mais est-ce qu'on a grandi assez pour aller voir plus loin ? »*

Au stade du Hameau, la Section Paloise s'est accrochée mais a craqué à dix minutes de la fin en encaissant un second essai signé du flanker australien Afa Amosa, au terme d'une longue séance d'usure physique imposée par les solides avants rochelais. Aucune euphorie ne jaillit pourtant du vestiaire des visiteurs. *« On est qualifiés, oui*, acquiesçait Sazy. *Mais on n'en parle pas, de la phase finale. Le club a toujours été comme ça : ne pas tirer de plans sur la comète... Ça continue. Voilà quatre mois qu'on est en haut du classement, peut être que ça va être l'histoire de l'année, oui. L'avenir nous le dira. »*

HAMID IMAKHOUKHENE,
L'ÉQUIPE du 26 mars 2017

1

La place du Stade Rochelais au terme de la phase régulière, avec 85 points, soit sept de plus que son second, Clermont (78).

Montpellier montre les muscles

Dans un contexte tendu, lié au report du match initial, le MHR broie le Racing à domicile et, finalement troisième de la saison régulière, affiche ses ambitions à l'abord des barrages.

Percussion de l'ailier héraultais Nemani Nadolo sur le demi d'ouverture du Racing Rémi Tales, pas vraiment à la fête...

Satisfaction du travail bien fait pour White, Steyn, Ouedraogo, Nagusa et les Du Plessis, Jacques et Willie (masqué).

Peut-être auraient-ils mieux fait de jouer le 21 mars, à la date prévue... À l'origine du report du match, consécutif à la fusion avortée avec les voisins du Stade Français, les Racingmen étaient encore perturbés lorsqu'ils ont entamé ce débat passionné au cœur de l'Hérault. *« On a subi tout le temps, comme des enfants opposés à des adultes »*, dira Rémi Talès en remontant moralement sa culotte après la fessée reçue. En face, le capitaine Fulgence Ouedraogo ne cache pas sa satisfaction : *« Nous avons été efficaces sur toutes les phases de conquête, en touche notamment, avec un Antoine Battut phénoménal. Nous avons également été supérieurs dans l'engagement, l'intensité. C'est probablement le meilleur match de notre saison. »*
Assuré de figurer parmi les qualifiés après son succès sur Bayonne (61-22, 24e journée), le MHR, éblouissant face au Racing 92 (54-3 et huit essais inscrits), est maintenant certain de disputer un barrage à domicile. Quatre victoires en cinq matches, 222 points inscrits (44 de moyenne), 32 essais marqués, c'est le bilan d'un printemps porteur d'ambition et de pas mal d'espoirs. L'embellie n'a échappé à personne, et le nom du candidat de l'Hérault est de plus en plus cité quand il s'agit d'imaginer l'identité du prochain champion de France. Pour y parvenir, le MHR dispose d'atouts aguichants. L'animation offensive promise par Jake White commence à s'afficher, et Montpellier ne semble plus uniquement un mastodonte costaud et rigide. François Steyn, Joe Tomane, les complices fidjiens Jim Nagusa et Nemani Nadolo se régalent d'automatismes de plus en plus fins.

Paillaugue : « On a franchi une étape »

Mais c'est bien sûr la puissance de son pack qui effraie d'abord chacun de ses adversaires. *« On a contré le Racing en conquête et on a conclu nos actions*, se félicite Kélian Galletier. *Je pense que le discours à notre propos va changer après ce match. On a sans doute même franchi une étape. » « Surtout*, ajoute Benoît Paillaugue, *l'état d'esprit affiché incite à l'optimisme. Quand on a pris le carton en fin de première mi-temps* (Nadolo, 32e), *on a fait preuve de solidarité. J'ai senti une entraide incroyable quand nous étions acculés sur notre ligne. »*
Voilà donc tout ce qui fait la force de Montpellier aujourd'hui. Sa dimension physique. La richesse de son effectif. Ses talents. La variété de son jeu. L'expérience de ses cadres. La menace est à prendre très au sérieux...

PHILIPPE PAILHORIES,
L'ÉQUIPE des 23 et 25 avril 2017

« On sait ce qui a été entrepris par le président de Montpellier, qui a acheté la Fédération et le maillot de l'équipe de France. »

LAURENT LABIT, coach très mauvais perdant du Racing 92...

Esprit contre fantômes

Le CO et son état d'esprit indéfectible balaient le spectre de Toulouse pour la dernière de l'année au stade Pierre-Antoine. Castres, solide, finira cinquième de la saison régulière.

Non, Benjamin Urdapilleta n'est pas une machine. Il l'a prouvé en ratant une dernière transformation en coin, juste après la sirène. Anecdotique, évidemment. Avant, l'ouvreur argentin du CO avait réalisé un impressionnant 9/9 au pied: quatre pénalités et cinq transformations, dont trois en coin. Vingt-deux points auxquels il convient d'ajouter les cinq d'un essai planté à l'issue d'un slalom au cœur d'une défense toulousaine fantomatique. « Benji », son surnom, a donc marqué 27 des 52 points de son équipe. *« On joue actuellement les matches les plus importants de la saison. C'est donc le bon moment pour moi d'élever mon niveau »*, commentait-il.

« C'est l'esprit qui a battu le talent », observe Christophe Urios pour synthétiser ce Castres-Toulouse. Le manager du CO a notamment aimé la mentalité et l'abattage de son ouvreur: *« J'ai vu un très bon Benji. Mais c'est tellement lié à notre collectif. La charnière est toujours bonne quand les avants sont bons, quand la conquête est propre, quand les ballons vont vite. Aujourd'hui, ç'a bougé de partout autour de lui. »*

Ce succès bonifié devrait permettre au CO, sauf improbable concours de circonstances, de se qualifier pour les phases finales. Il confirme son précédent succès face au Stade Français (33-10, match en retard de la 21e journée). La mauvaise passe traversée au début du printemps est oubliée. *« On s'est parlé entre nous après cet enchaînement de mauvais résultats*, explique Benjamin Urdapilleta. *On s'est resserrés. »*

À Castres, la culture de club n'est pas un vain mot. *« La première question que je pose aux joueurs en début de saison*, raconte Christophe Urios, *c'est : "Pourquoi est-on à Castres ?" Moi, je le sais. C'est parce que j'ai la possibilité d'y mener un projet global ambitieux en ayant notamment un impact sur la formation. Et j'y suis aussi pour devenir champion de France. Les joueurs, c'est pareil. Ils sont ici parce que le projet sportif et la ville leur plaisent. Lors de la mise au vert qui a précédé le match, j'ai fait venir six ou sept anciens joueurs de générations différentes, plus Alain Gaillard, l'entraîneur du CO champion de France en 1993. Parce que je me suis rendu compte qu'on avait changé 80 % de l'effectif en deux ans. Du coup, certains des nouveaux ne savaient même pas ce qu'un derby CO-Toulouse représentait. Et ça, ce n'est pas possible. »*

LAURENT CAMPISTRON,
L'ÉQUIPE des 30 avril et 17 mai 2017

16

C'est, en années, la différence d'âge entre deux des grands animateurs de la saison castraise : le capitaine et deuxième-ligne uruguayen Capo Ortega, né en 1980, quinze saisons au club, et la révélation française Anthony Jelonch, troisième-ligne né en 1996, 21 matches disputés toutes compétions confondues.

Conquête en touche du troisième-ligne Anthony Jelonch, l'une des révélations de la saison castraise.

Un bel au-revoir

Pour la dernière de Thomas Domingo au stade Marcel-Michelin, l'ASM s'offre une victoire sur le leader et une qualification directe pour les demi-finales.

Avant de se laisser aller à l'émotion pour saluer les départs de figures historiques de la maison, de Thomas Domingo (à Clermont depuis 2004) à Vincent Debaty (à Clermont depuis 2008) en passant par Julien Bardy (formé au club), le stade Marcel-Michelin s'est fait une frayeur. Dominateur en début de rencontre, Clermont a plié et failli rompre contre La Rochelle, quand le leader a obtenu une pénaltouche à cinq mètres de la ligne d'essai auvergnate. Mais la défense jaune et bleu s'est arc-boutée et a empêché un mini-drame : une défaite aurait sans doute condamné l'ASM à disputer un match de barrage. Périlleux, surtout quand le calendrier est déjà chargé avec la finale de Coupe d'Europe contre les Saracens dans le viseur.

Aligné aux côtés de titulaires en puissance pour la finale (Kayser, Vahaamahina, Yato, Strettle, Spedding), le jeune Damian Penaud, fils de l'ouvreur international Alain Penaud a été épatant, inscrivant deux essais (8e et 36e) avec vitesse, jump et panache. Pendant cette première période, les Clermontois étaient au-dessus, distançant des Rochelais amorphes (24-6 à la pause). « *Quand on fait une saison comme la nôtre, il y a des choses qu'on ne peut pas tolérer*, râlait Patrice Collazo, le coach maritime. *On ne peut accepter de venir ici en victimes !* » Le message est passé dans le vestiaire et, transcendés, les Rochelais ont failli renverser la situation.

Mais Clermont a su faire le dos rond. « *Ça a été chaud !* admettait Thomas Domingo. *Mais on a été combatifs.* » Pour sauver les meubles sur le gong, malgré une défense poreuse… Et pour dire adieu au stade Michelin sur une ultime victoire. Dans la semaine, le futur pilier palois avait répété le « *privilège* » d'avoir vécu treize années exceptionnelles en Auvergne et évoqué du bout des lèvres cette saison difficile, où il était oublié. « *Je ne suis pas fâché. Je l'ai été à un moment…* reconnaît-il. *On aurait peut-être voulu que le départ se passe différemment, mais j'ai pris du recul.* »

Y pensaient-ils tous, à cette dernière de leurs camarades ? « *Il y a un peu de pudeur, parce que les mecs qui s'en vont, cette année, sont là depuis longtemps ; on n'était pas juste de passage* », reconnaissait le demi de mêlée Radosavljevic, en partance pour Castres. « *Je suis sûr que ça va être bizarre, que je vais y penser, me dire que c'est la dernière fois que je viens dans ce vestiaire*, projetait Domingo avant le match. *Je vais m'en servir, parce que je n'ai pas envie de partir sur une fausse note.* »

AURÉLIEN BOUISSET,
***L'ÉQUIPE* des 6 et 7 mai 2017**

Peu aligné en 2016-2017, Thomas Domingo a annoncé son départ en fin de saison pour la Section Paloise.

36 et 37

Le nombre de sélections respectives en équipe de France de Thomas Domingo et Vincent Debaty, piliers (dans tous les sens du terme) des campagnes montferrandaises depuis dix ans.

Le demi de mêlée Ludovic Radosavljevic, en partance pour Castres, dirige le pack auvergnat.

Toulon, en avant, marche !

Le RCT termine la phase de poules en trombe, sur quatre victoires d'affilée. Il jouera son barrage à domicile et a envoyé un message à ses futurs adversaires...

Qui a dit que le RCT vivait une saison pourrie ? Après avoir viré soixante-sept membres du staff technique (exagération toulonnaise), après l'épisode de la vraie-fausse vente du club (au suspense insoutenable), après une pléiade de matches moisis de la part de ses joueurs (*dixit* les toujours très mesurés supporters varois), le président Mourad Boudjellal est désormais à la tête d'une équipe qui a retrouvé une gueule de champion. Le Stade de France est encore loin, mais les Rouge et Noir – qui reviennent de loin – peuvent regarder droit devant. Et malgré tous les déboires et les désillusions accumulés cette saison, la prédiction de Mourad Boudjellal – *« on va gagner un titre cette saison »* – reste plausible.

Face à Pau, le RCT a enchaîné une quatrième victoire de rang en un mois. Une première cette saison puisque le record était de deux succès d'affilée. Toulon a surtout retrouvé la recette qui a fait de l'équipe varoise un triple champion d'Europe. La Section Paloise en a fait les frais à Mayol. Avec une mêlée solide et des avants en mode combat, le RCT a pilonné son adversaire du jour. Avec un Guilhem Guirado increvable, un Romain Taofifenua tractopelle et un Juan Smith version Bakkies Botha (pour les nostalgiques), Toulon est armé pour faire mal. Derrière, les trois-quarts ont arrêté de se compliquer la vie. Enfin, le bulldozer Josua Tuisova a refait parler de lui et Mathieu Bastareaud était bougon (donc tout va bien). Sans oublier Leigh Halfpenny, précis face aux perches (5 sur 6). Le seul point d'interrogation reste ce satané poste de numéro 10 ! Entre François Trinh-Duc, en délicatesse avec une cuisse et toujours à la recherche d'un éternel épanouissement, Pierre Bernard, *« moyennasse »*, placé au frigo, et Anthony Belleau, encore un peu tendre pour les joutes finales, l'ombre de Matt Giteau plane toujours sur le stade Mayol. Le désormais entraîneur-joueur est espéré pour le barrage (sa fissure du péroné est la plus longue de l'histoire).

Avec quinze jours de préparation, le RCT va arriver gonflé à bloc pour la réception de Castres en barrage, avec vue sur les demies de Marseille. Après avoir rendu hommage aux partants de la fin de saison, Mourad Boudjellal, micro en main sur la pelouse, a annoncé : *« On vous donne rendez-vous face à Castres, puis au Vélodrome ! »* Et de conclure, en conférence de presse, lors de ce week-end d'élection présidentielle : *« Le RCT est en marche ! »*

MAXIME RAULIN,
L'ÉQUIPE du 7 mai 2017

L'ailier toulonnais Josua Tuisova semble ravi d'avoir fait courber l'échine à deux adversaires palois.

Drew Mitchell a culbuté son plaqueur, mais l'autre ailier du RCT ne semble pas pouvoir échapper à l'en-avant.

7

Le nombre d'entraîneurs divers et variés qu'aura connus le RCT en 2016-2017. Toulon a commencé la saison avec Diego Dominguez comme coach principal, aidé de Jacques Delmas, Marc Dal Maso et Steve Meehan. Après l'arrivée puis le départ de Mike Ford, le RCT l'a terminée avec un trio formé par Richard Cockerill, Marc Dal Maso et Matt Giteau.

Coup de flip à Colombes

À quatorze minutes de la fin de la saison régulière, le Racing est éliminé… Avant qu'un sursaut d'orgueil ne vienne sauver les champions de France d'une sortie de route prématurée.

Au terme d'une saison régulière compliquée, le Racingman Dan Carter a réussi un match plein et marqué un essai (22-20, 71e).

Il y a quelques semaines, le président Lorenzetti, vendant sa fusion avec le Stade Français, se voyait à la barre d'une *« équipe qui peut gagner à chaque fois »*. Ce matin, il aurait pu se retrouver à la tête d'une équipe qui a tout perdu, même son amour-propre. Entre 20 h 53 et 22 h 21, le Racing était éliminé.

Il lui suffisait de battre Bordeaux, qui n'avait plus rien à espérer, ou si peu, pour arracher la sixième place. Et puis, si ça devait mal s'emmancher, il fallait juste prier pour que le Stade Français ne réussisse pas un coup de Trafalgar à Montpellier… N'empêche qu'à 20 h 53 l'essai du Parisien Djibril Camara à l'Altrad Stadium commença à faire basculer la soirée dans l'étrange. Huit minutes plus tard, la température ressentie à Colombes baissa de plusieurs degrés après l'essai splendide d'Ashley-Cooper pour l'UBB. Mené 3-10 (14e), le Racing passait d'éliminé à très éliminé.

À la mi-temps (3-13), un silence glaçant envahit le vieux stade Yves-du-Manoir. Ce matin, Jacky Lorenzetti doit se dire que c'est encore plus beau de se qualifier après avoir tant souffert. Mais à quoi pensait-il à 22 heures, quand l'ailier bordelais Blair Connor poignarda le Racing d'un essai après interception (50e) ? C'était pourtant le jour où il fallait assurer la présence en Coupe d'Europe pour l'installation dans l'U Arena en 2017-2018, et Machenaud and Co étaient menés 3-20.

Quelques supporters moqueurs du Racing chantaient : *« On est en vacances, on est en vacances ! »* Ils vont pouvoir les repousser un peu. Parce que Nyanga a marqué en force (10-20, 56e) au moment où Montpellier repassait devant le Stade Français. Parce que Nakarawa a planté un essai (17-20, 66e) qui remit le Racing à la sixième place, avant que Carter ne prononce la libération par un troisième essai en un quart d'heure (22-20, 71e).

Quand le gong final retentit, Laurent Travers, l'entraîneur du Racing 92, les sinus bien débouchés, hurla. De rage et de soulagement. Il y a quatre jours, rappelant toutes les tempêtes traversées par son équipe (l'affaire des corticoïdes, la désertion de Johan Goosen, la conduite en état d'ivresse de Dan Carter, l'arrestation par la BAC d'Ali Williams en possession de 2,4 grammes de cocaïne…), il disait que *« d'autres groupes, dans la même situation, se seraient effondrés, voire auraient éclaté »*. Possible que d'autres groupes, menés 3-20 chez eux le jour où il ne fallait surtout pas perdre, auraient coulé…. Le champion 2016, lui, flotte encore.

> **« Sixième et champion, c'est possible. »**
>
> **EDDY BEN AROUS**, pilier optimiste du Racing 92.

FRÉDÉRIC BERNÈS,
***L'ÉQUIPE* du 7 mai 2017**

Respect, capitaine

Thierry Dusautoir termine sa brillante carrière à Toulouse par un succès facile contre Bayonne. Et par un immense hommage du public, malgré la triste saison du Stade (12e).

Ça ne pouvait pas se terminer autrement. Ou plutôt si. Thierry Dusautoir aurait dû finir sa carrière au Stade Toulousain par une nouvelle phase finale, son lot annuel depuis son arrivée au club en 2006. Son parcours exceptionnel, son talent et son exemplarité méritaient mieux qu'un dernier succès anecdotique face à un Bayonne déjà relégué. Mais cette ultime victoire existe, et c'est toujours mieux que rien. Et si le public du stade Ernest-Wallon a fait la ola, ce n'était sûrement pas pour célébrer la saison catastrophique des Rouge et Noir. C'était pour rendre hommage à son héros, ou plutôt ses héros. D'autres illustres gladiateurs, tels qu'Albacete, Johnston, McAlister, Steenkamp, Camara ou Tolofua ont aussi disputé leur dernière rencontre avec le Stade Toulousain. Mais c'est bien Dusautoir, capitaine emblématique de tant d'années, que les spectateurs ont le plus ovationné.

Pour une fois, le *dark destroyer*, comme le nomment les Néo-Zélandais, a paru touché, armure fendue, presque sans défense. Il semblait déjà ému dès son arrivée au stade, quand plusieurs dizaines de supporters l'ont applaudi à la descente du bus. Mais, à quelques minutes du coup d'envoi, dans le vestiaire, c'était déjà terminé. Il a alors parlé à ses partenaires : *« Il faut que ce soit beau, qu'on se régale, qu'on prenne du plaisir. Une dernière fois pour certains. Pour d'autres, ce sera le début d'un truc énorme. Mais pour ça, il faut accepter de se faire mal, les gars. »* Puis, Dusautoir s'est avancé dans le couloir et a plongé son regard noir de guerrier vers ce terrain où il a connu tant de succès. Une tape dans la main et un câlin à Tekori, un léger sourire au gamin qui l'accompagne sur la pelouse, et en avant pour la 344e rencontre de sa carrière en club ! La dernière.

Guy Novès avait fait le déplacement

Son match ? Classique. Devant le sélectionneur Guy Novès, son mentor, et Yannick Bru, qui l'a entraîné à Toulouse et en équipe de France, « Titi » a fait du Dusautoir. On l'a vu charger au ras, désintégrer un Bayonnais (Meret) sur un plaquage au buffet (22e), gratter un ballon (26e) et défendre comme un chien, même s'il rata un plaquage sur Lovobalavu (7e). Sans doute aurait-il pu faire encore mieux si Yoann Huget n'avait pas oublié de le servir face aux perches après une percée de 30 mètres (23e). L'essai était sûrement au bout. Qu'importe, finalement. La fête a été belle, digne. L'émotion s'est ressentie jusqu'en haut des tribunes, là où se place un partie du staff toulousain pour visionner la partie. Très marqué avant, pendant et après le match, Jean-Baptiste Élissalde n'a pu retenir quelques larmes. Quelques heures plus tôt, sur Twitter, l'entraîneur des trois-quarts avait officialisé à sa façon son départ prochain : *« Je déteste déjà cette journée, mais j'ai tellement aimé les quatorze premières années… »*

Impossible de ne pas évoquer aussi l'ovation du public au moment des remplacements de Johnston et de Steenkamp, de celui d'Albacete, applaudi par le coach Ugo Mola lui-même malgré les critiques de l'Argentin à son égard en début de semaine et, bien sûr, de Dusautoir (78e), acclamé par un stade debout, scandant des *« Titi ! », « Titi ! »*, et même par l'arbitre M. Chalon, qui lui a lancé : *« Bravo pour votre carrière. »*

La fin de la soirée a été à la hauteur de tout ce qui a précédé. Avec l'apparition des onze partants sur le terrain, présentés à tour de rôle : Marques, Palisson, Kakovine, Camara, Tolofua, Steenkamp, McAlister, Johnston, Albacete, Lamboley et, bien sûr, Dusautoir. Les yeux mouillés, Johnston a tout juste trouvé la force de dire *« merci »*. Albacete a parlé de cette *« affection »* du public qu'il a toujours ressentie à Toulouse. Dusautoir, lui, a remercié sa famille, sa mère présente dans les tribunes, ses amis, ses potes de Trélissac qui lui ont fait *« découvrir le rugby »*, les bénévoles du Stade Toulousain, ses coéquipiers, les supporters, qu'il a encouragé à continuer à pousser derrière le club, et, évidemment, Guy Novès : *« Il m'a fait confiance et m'a énormément aidé à progresser. »* Pour lui, une page se tourne. Enfin, presque. Son dernier match, il le jouera face à l'Angleterre, le 28 mai, avec les Barbarians britanniques.

LAURENT CAMPISTRON,
L'ÉQUIPE **du 7 mai 2017**

Alexis Palisson échappe à l'ailier bayonnais Romain Martial et s'apprête à aplatir (14-7, 15e).

80
Son nombre de sélections en équipe de France (6 essais).

56
Son nombre de capitanats, record absolu chez les Bleus.

344
Le nombre de matches qu'il a disputés en club dont 266 en Championnat (15 essais) et 78 en Coupe d'Europe (7 essais).

0
Son nombre de cartons rouges (en carrière).

À sa sortie du terrain (78e), Thierry Dusautoir, extrêmement ému, reçoit l'accolade de ses partenaires puis de tous les remplaçants du Stade Toulousain.

DUSAUTOIR, UN PALMARÈS HORS NORME

Tournoi des Six Nations 2010 (Grand Chelem), finaliste de la Coupe du monde 2011.

Champion d'Europe 2010 avec Toulouse.

Champion de France 2005 et 2006 avec Biarritz, 2008, 2011 et 2012 avec Toulouse.

Élu meilleur joueur du monde par l'IRB en 2011.

CLASSEMENT

TOP 14 | **26e JOURNÉE**

	ÉQUIPES	Pts	TOTAL									DOMICILE						EXTÉRIEUR						SÉRIES	CARTONS	
			J.	G.	N.	P.	p.	c.	diff.	Bo.	Bd.	J.	G.	N.	P.	p.	c.	J.	G.	N.	P.	p.	c.		J.	R.
1	LA ROCHELLE	85	26	17	3	6	707	498	+209	6	5	13	10	3	0	390	218	13	7	0	6	317	280	G.G.P.G.P.	18	0
2	CLERMONT	78	26	15	3	8	800	562	+238	8	4	13	11	0	2	439	239	13	4	3	6	361	323	P.P.G.G.G.	19	1
3	MONTPELLIER	76	26	16	0	10	750	564	+186	7	5	13	12	0	1	457	240	13	4	0	9	293	324	G.G.G.P.G.	24	0
4	TOULON	69	26	14	2	10	674	511	+163	5	4	13	11	0	2	420	200	13	3	2	8	254	311	P.G.G.G.G.	15	0
5	CASTRES	63	26	13	1	12	667	509	+158	5	4	13	11	0	2	434	219	13	2	1	10	233	290	P.P.G.G.P.	20	2
6	RACING 92	62	26	14	1	11	586	616	-30	3	1	13	12	0	1	390	284	13	2	1	10	196	332	G.G.P.P.G.	23	3
7	STADE FRANÇAIS	59	26	12	1	13	643	638	+5	5	4	13	11	1	1	395	229	13	1	0	12	248	409	G.G.P.G.P.	27	4
8	BRIVE	58	26	13	1	12	577	634	-57	0	4	13	11	0	2	323	264	13	2	1	10	254	370	G.G.P.P.G.	28	2
9	PAU	57	26	12	1	13	604	701	-97	2	5	13	9	0	4	352	269	13	3	1	9	252	432	P.P.P.G.P.	20	1
10	LYON	55	26	11	2	13	573	632	-59	3	4	13	10	1	2	353	238	13	1	1	11	220	394	G.G.G.P.P.	18	1
11	BORDEAUX-BÈGLES	54	26	11	1	14	569	581	-12	2	6	13	8	1	4	327	236	13	3	0	10	242	345	G.P.G.P.P.	20	2
12	TOULOUSE	53	26	11	0	15	537	561	-24	3	6	13	9	0	4	304	224	13	2	0	11	233	337	P.P.P.P.G.	18	1
13	GRENOBLE	38	26	7	1	18	611	852	-241	2	6	13	7	1	5	400	352	13	0	0	13	211	500	G.P.P.P.G.	27	2
14	BAYONNE	30	26	6	3	17	466	905	-439	0	0	13	6	3	4	270	298	13	0	0	13	196	607	P.P.P.G.P.	19	3

Toulon, quelle bravoure !

Dans un match à l'intensité physique extraordinaire, le RCT, un temps réduit à treize mais porté par l'enthousiasme de Mayol, élimine in extremis de très bons Castrais.

Duel de vieux grognards entre le centre castrais Thomas Combezou, balle en main, et le demi de mêlée du RCT Sébastien Tillous-Borde.

« Toulon est triple champion d'Europe, champion de France, a 8 500 sélections sur le terrain et joue à 30 bornes de la piaule, avec 75 000 Toulonnais dans les tribunes. Si, là, on me dit que La Rochelle est favori, je risque d'exploser de rire. »

PATRICE COLLAZO, entraîneur de La Rochelle, à propos de la future demi-finale disputée au Stade-Vélodrome.

Furieux, parfois insensé ou pas loin. Quel combat ! Il était annoncé à Mayol, il a bien eu lieu et a laissé pantois les presque 15 000 spectateurs. Castres a livré un grand match, a bien cru filer vers les demi-finales au cœur de la seconde mi-temps. Mais Toulon, d'une bravoure rarement vue, même pour ce RCT habitué au meilleur, verra le Stade-Vélodrome en demi-finales, face à La Rochelle.

Les malheureux Castrais resteront chez eux. Ils sont même en vacances après cette élimination cruelle quand on se rappelle la 55e minute. L'arbitre, M. Ruiz, a demandé la vidéo. Il avertit Drew Mitchell pour un en-avant volontaire et fonce entre les poteaux pour l'essai de pénalité. Voilà le CO devant (13-19) pour la première fois. Et Toulon réduit à treize (jaune à Liam Gill, 48e, en plus de Mitchell) face à quinze Castrais jusqu'alors dominateurs et calmes. « *On était très nerveux, approximatifs*, raconte le trois-quarts centre du RCT Mathieu Bastareaud. *On se mettait le stress nous-mêmes. Il a fallu qu'on soit à treize pour se ressouder et aller marquer un essai.* » On vous a parlé de la bravoure toulonnaise, de cette volonté de ne pas mourir à domicile, après quatre victoires d'affilée ? Elle va exploser à ce moment-là. « *On a forcément douté*, avoue Guirado, le talonneur toulonnais. *On a pris deux coups de massue. Avec Duane* (Vermeulen), *on a essayé de resserrer les joueurs. Ça nous a réveillés, nous a mis un coup de pied au cul. On a joué vingt-cinq minutes à fond.* » Alors, sûrement, le CO, prenant la marée en pleine poire, a donné des signes de fébrilité. Mais allez résister à des furieux pareils... Romain Taofifenua qui avance tout le temps, « guingasse » (se secoue), libère la balle pour que l'action vive, Guirado et les autres qui livrent leur corps, tout, avec une vigueur de feu dans les rucks.

Oui, Castres a cédé en supériorité numérique, a vu Leigh Halfpenny (21 points) marquer un essai en coin en faisant le poirier ! C'est curieux, mais ça vaut cinq points, et même sept avec la transformation de l'arrière gallois. « *Je regrette cet essai qui ne s'est pas joué à grand-chose »*, glisse Christophe Urios, le manager de Castres. Le RCT a alors repris la main (23-19, 64e). Oh, ce n'est pas le Toulon du siècle, mais de cette saison assurément. Revenu de si loin, on l'imagine mal craquer, d'autant qu'Halfpenny – une machine ! – creuse l'écart d'un essai tranformé (26-19, 72e). Mais Castres a de la moelle, du talent, et rêve aussi en grand. Un but d'Urdapilleta (26-22, 73e) et le public de Mayol tremble à nouveau. Mais Liam Gill pique un ballon de ouf (77e), Jenneker commet un en-avant dans les 22 mètres varois. Mayol rugit, délire. *« Ç'a été difficile*, souffle François Trinh-Duc, l'ouvreur toulonnais. *Castres est venu avec beaucoup d'ardeur. C'est à l'image de notre saison, on s'est retrouvé en difficulté mais on n'a jamais explosé, on ne s'est jamais écartés, et on s'est resserrés. »*

« Richard Cockerill aura été un entraîneur éclair au RCT, mais il peut marquer l'histoire du club en sept matches seulement », confiait dans la semaine Mourad Boudjellal, le président toulonnais. Cockerill, l'Anglais promu entraîneur en chef le 4 avril, visitera Marseille dans sept jours. Surtout, l'Anglais refait rêver le RCT. Ce n'était pas gagné après une saison tellement secouée.

ARNAUD REQUENNA,
***L'ÉQUIPE* du 20 mai 2017**

Tuisova a marché sur Smith

Le duel entre l'ailier toulonnais et son rival castrais a tourné à l'avantage du premier.

Une joute de puissants était attendue à Mayol entre Josua Tuisova et David Smith, deux ailiers aux cuissots protubérants qui renversent les hommes comme on fait un strike au bowling. *«Tuisova est un joueur puissant et difficile à plaquer »*, avait prévenu Smith. Il avait raison. Auteur de deux « culs » sur son vis-à-vis (2e et 40e), le Fidjien du RCT a marqué pour longtemps le Néo-Zélandais. Mais il a aussi marqué le match. Tuisova, solide en défense comme en témoigne son «caramel» sur Anthony Jelonch, à la 78e minute, a apporté son écot sur l'essai d'Halfpenny (64e). Intercalé, il a servi de relais à Ma'a Nonu avant que le All Black ne passe au Gallois.

En face, Smith a subi et n'a pas causé de grosses misères à son ancien club. Une première période discrète. Une seconde un peu plus enlevée, où le Tarnais a mystifié Tuisova sur une passe volleyée.Sur la même action, le Toulonnais Drew Mitchell fera un en-avant volontaire amenant l'essai de pénalité castrais.Ce sera sa seule inspiration. Puis les Toulonnais remirent la main sur le ballon.On ne revit plus David Smith.

CLÉMENT BESSOUDOUX,
***L'ÉQUIPE* du 20 mai 2017**

...es poteaux du pilier toulonnais Laurent Delboulbès (10-3, 19e), malgré la défense acrobatique d'un Castrais.

The Artists

À Montpellier, le Racing sort le grand jeu le jour J, multipliant les prises de risque et les passes après contact. Une audace fatale à Montpellier et qui donne un grand match de rugby.

Ceinturé par Steyn et Ouedraogo (masqué), le Fidjien du Racing Leone Nakarawa s'efforce de laisser le ballon disponible.

Le Racing est donc capable de transformer sa saison citrouille en carrosse. C'était la grande question de ce barrage et la réponse ne soulève ce matin ni débat ni sourcil perplexe. Le Racing est même capable de se transformer d'un match à l'autre. L'équipe qui a joué à l'envers, pleine de fébrilité, au point d'être menée 3-20 à Colombes par Bordeaux lors de la dernière journée de la phase régulière *(voir p. 91)* s'est muée en champion en titre sûr de sa force osant comme jamais cette année. Comment cette formation, écrasée depuis des mois sous une pression négative, a-t-elle pu réussir une mutation pareille en deux semaines ?

À écouter les joueurs, les trois jours de stage en Catalogne mi-avril tiennent un rôle important dans l'histoire. Mais encore ? *« Il ne faut pas toujours essayer de tout expliquer,* estime Yannick Nyanga, increvable contre Montpellier. *On a été résilients, c'est ça, le plus important. »* Ah ça, si la résilience peut se mesurer en *offloads* au kilo... Sur la pelouse de l'Altrad Stadium, on s'est un temps demandé si le Racing n'allait pas devenir la première équipe de l'histoire à faire plus de passes après contact que de passes classiques. Le trio Leone Nakarawa-Casey Laulala-Joe Rokocoko a si bien utilisé cette arme offensive qu'à l'arrivée le différentiel est du simple au triple : trente passes après contact pour les Harlem Globetrotters du Racing, dix pour le MHR.

2

Le Racing est le seul club du Top 14 à avoir remporté deux barrages à l'extérieur depuis l'instauration de ceux-ci lors de la saison 2009-2010. Tout d'abord en 2014, à Toulouse (16-21), puis à Montpellier en 2017 (13-22).

*« Ils nous ont fait un récital d'*offloads *qu'on n'a pas réussi à contrer »*, constatait le demi de mêlée montpelliérain Benoît Paillaugue. Cette saison, Nakarawa, pour ne citer que lui, a parfois abusé de ce geste. À moins que ce ne soit le soutien qui ait oublié d'anticiper... Mais, à Montpellier, le deuxième-ligne fidjien a souvent monopolisé deux ou trois défenseurs, permettant aux autres de s'engouffrer. Tout a semblé fluide... *« Tant mieux si l'on a tenté autant et que ça a marché*, appréciait le capitaine Maxime Machenaud. *Bon, parfois, on a même tenté un peu trop. Cette saison, notre gros point noir, c'était notre incapacité à tenir le ballon. Et là... »* Là, les Racingmen l'ont confisqué à des Montpelliérains qui ont à peine investi le camp francilien en seconde mi-temps. Combien de fois a-t-on vu la grande paluche de Nakarawa tenir le ballon en l'air au milieu d'une grappe de pots de colle avant qu'une passe de quaterback surgisse d'un coup ? Et la chistera irréelle de Rokocoko pour Nyanga qui aurait donné un essai sans l'intervention de

Le pack montpelliérain résiste au groupé-pénétrant du Racing conduit par Nakarawa, Grobler et Nyanga (de gauche à droite).

Paillaugue et Spies, à la 6e minute ? Et les passes à une main de Rokocoko et Nakarawa qui aboutirent à l'essai refusé de Nyanga (14e) ? Même Carter y est allé de sa passe cachée.

« C'est le jeu qu'on voulait mettre en place en début de saison et qu'on va continuer à produire, s'engage le coach Laurent Labit. *Parce que, dans quelques mois, dans notre nouveau stade couvert, sur une pelouse synthétique, ce sera le jeu idéal. Et puis, il faudra aussi assurer du spectacle. Là, pour ce barrage, on s'est surtout adapté à l'adversaire. Les dernières fois ici, on était restés dans des schémas trop simples, dans un jeu trop frontal qui arrangeait Montpellier. On a bien étudié les vidéos et décidé d'éviter de passer par le sol. On avait ciblé certaines zones du terrain où l'on pouvait se faufiler. Et puis on a les joueurs pour ce jeu de passes. On avait aussi imaginé qu'à 17 heures, fin mai à Montpellier, il pouvait faire chaud et que ce jeu débridé nous conviendrait mieux qu'à eux. »*

Tout juste, même si certains Racingmen ont fini en hyperventilation et que Laulala avait une crampe dans chaque jambe. Quoi de plus logique quand on en termine avec un match à quarante-deux minutes de temps de jeu effectif, dans les standards d'un test international...

Le risque était donc calculé et assumé. *« Joe, Casey et Leo, on les a recrutés pour qu'ils nous fassent jouer debout, pour élever notre volume*, dit Labit. *Il faut accepter le risque. »* Comme quand Nakarawa, à la 65e, alors que les siens ne menaient que d'un point (13-14), jeta un énième ballon d'une seule main mais que celui-là fut tout proche d'aboutir à un contre assassin de la fusée Van der Merwe. À cet instant, Labit n'a-t-il pas eu envie de lui crier d'arrêter ? « *Sincèrement ? non ! Parce que c'était la bonne option* », jure le coach.

« Cette saison est un échec. J'ai commis des erreurs, sans doute, mais je n'ai aucun regret ; j'ai toujours essayé de faire les bons choix pour le bien de l'équipe. Après, tous les joueurs du Racing sont internationaux, ils ont aussi l'habitude des phases finales. »

JAKE WHITE, entraîneur (en fin de contrat) du MHR.

Mettre de la vitesse, c'est bien. Mais si même le car du Racing s'y met, alors là... Surpris par son démarrage, Afatia, Tuitavake et Laulala ont dû sprinter sur le parking pour rattraper les copains !

FRÉDÉRIC BERNÈS,
***L'ÉQUIPE* du 21 mai 2017**

Toulon ne meurt jamais

À Marseille, devant 63 000 spectateurs, les Varois redressent une situation mal engagée face à La Rochelle pour l'emporter d'un drop à la sirène et se qualifier pour une nouvelle finale.

On s'est longtemps demandé lequel des deux demi-finalistes méritait le moins de regarder la finale à la télévision. Et puis, à la cinquante et unième minute, l'arbitre traça dans l'air encore tiède du Stade-Vélodrome le virtuel téléviseur écran plat coin carrés caractéristique du recours à l'arbitrage vidéo. Le Rochelais Pierre Aguillon venait de planter dans le sol la coupe peroxydée de James O'Connor, et M. Gaüzere, bien obligé, sortit le carton rouge qu'exige désormais ce genre de plaquage, quelle qu'en soit l'intention.
Peut-être cet instant d'égarement du centre rochelais constituait-il le premier signe de nervosité de son équipe, qui découvrait là les tensions propres à la phase finale et qui commençait à être rattrapée par les crampes. Peut-être fallait-il ce genre d'incident pour faire pencher la balance entre deux équipes pareillement occupées à ne pas se découvrir. Peut-être que c'était tout ce qu'attendait cette demi-finale pour monter en suspense jusqu'à sa dernière seconde, la seule qui mérite de demeurer gravée dans l'histoire. En trois coups de pattes, Halfpenny avait ramené les deux équipes à un score de parité (15-15) plutôt logique.
Il faut dire que, depuis le début de ce match bancal, l'arbitre n'avait pas eu la moindre raison de s'aider de la béquille de l'arbitrage vidéo. Entre les espèces de G 7 de la touche organisés par les deux équipes avant d'oser le moindre lancer, les pénalités équitablement réparties entre deux défenses tout occupées à ne surtout pas laisser le jeu prendre de l'ampleur et les nervosités coutumières de ce type de match à haute tension, on était loin du choc des genres imaginé par les plus

1

Le nombre de secondes pendant lesquelles La Rochelle a été menée au score par Toulon : la dernière.

À la 80e minute, Anthony Belleau, vingt et un ans, trois titularisations en Top 14, donne la victoire à Toulon sur drop (15-18), malgré la pression du Rochelais Rickie Januarie.

Un gros rouge qui fâche

L'expulsion du centre rochelais Pierre Aguillon, pour son plaquage sur James O'Oconnor, effectué sans volonté de nuire mais estimé dangereux par l'arbitre, a divisé acteurs et commentateurs.
Certes, le centre australien de Toulon a touché le sol tête en avant, mais le plaquage ne paraissait pourtant pas si violent. *« Je trouve le rouge un peu sévère »*, a estimé le pilier rochelais Uini Antonio. Le centre grenoblois Fabrice Estebanez, membre du comité directeur de la FFR, a tweeté : *« Nul, nul, nul... Je veux bien qu'on protège les joueurs, mais jouons au rugby quand même. Très bon plaquage d'Aguillon, c'est tout. »* L'ailier maritime Vincent Rattez se montre, lui, plus mesuré : *« C'est le tournant du match. Derrière, on joue à quatorze pendant une demi-heure. C'est un plaquage offensif... mais les règles sont comme ça. »*

LAURENT CAMPISTRON,
***L'ÉQUIPE* du 27 mai 2017**

Ce plaquage de Pierre Aguillon sur le centre du RCT James O'Connor lui vaut l'expulsion. C'est le tournant du match (51e).

Leigh Halfpenny essaie de sentir le sens du vent avant de passer l'une de ses cinq pénalités du soir au Vélodrome.

optimistes. Comme attendu, Patrice Collazo, sorte de Guy Novès des bords de mer, s'était livré à quelques tentatives de bonneteau de feuilles de match – façon Toulouse ancienne époque – qui n'avaient trompé personne. Uini Atonio était passé en deuxième ligne et Levani Botia au centre sans que cela n'empêche le premier de jouer avec constance son rôle de bloque-ruck et le second d'ajouter quelques en-avant à ses habituelles tentatives de désossage en pleine course. Mais, du moins, La Rochelle n'avait pas connu le moment de flottement qui aurait pu guetter une équipe novice à ce niveau, et à l'herbage depuis trois semaines.

« Wilkinson school of demis d'ouverture »

Toulon s'était donné des airs de vrai chic anglais sous la crâne baguette du jeune Anthony Belleau, qui n'a pas suivi pour rien les cours accélérés de la « Jonny Wilkinson school of demis d'ouverture ». Chandelles bien ajustées, tentative de drop à la première occasion (15e), il ne lui manquait que la précision sur quelques diagonales. Une seule occasion franche était venue éclairer ces cinquante minutes bien loin de valoir en fureur et en engagement le barrage castrais de la semaine précédente. Sur une passe inspirée de Victor Vito, La Rochelle avait percé le rideau rouge et noir à la dixième minute, mais Mathieu Bastareaud veillait et grattait le ballon à l'approche de la ligne. Un vilain drop de Brock James et un échec initial de Halfpenny permettaient à La Rochelle de mener de trois petits points plutôt mérités (9-6), avant que les Maritimes ne profitent d'un moment de flottement disciplinaire toulonnais pour prendre neuf points de confort (15-6, 46e).
Et puis il y eut cette dernière minute, cette dernière pénaltouche longue portée trouvée par le jeune ouvreur de rechange varois, ces derniers rucks, ces dernières charges du Géorgien Mamuka Gorgodze (entré à la place de Taofifenua) remonté comme jamais et pour finir ce drop d'Anthony Belleau sur la sirène, vingt et un ans, trois titularisations en Top 14 dans la besace mais tranquille comme un pape.
Français, jeune et inexpérimenté, tout le symbole d'un RCT jamais tout à fait mort, jamais tout à fait conforme à son image de multinationale de vieilles gloires et qui, en se renouvelant aux deux tiers, atteint pourtant sa cinquième finale de Top 14 en six ans. Costaud, le bestiau !

PIERRE MICHEL BONNOT,
***L'ÉQUIPE* du 27 mai 2017**

Une finale sans Halfpenny

Auteur de 21 des 26 points de Toulon en barrage contre Castres (26-22) puis de 15 des 18 points du RCT en demi-finales contre La Rochelle, l'arrière gallois Leigh Halfpenny ne disputera pas la finale du Top 14, appelé en sélection des Lions par Warren Gatland dès le 29 mai.

Le droit d'y retourner

Bien que longtemps réduit à quatorze sur la pelouse du Vélodrome, Clermont donne la leçon à des champions de France essoufflés. Après l'Europe, une deuxième finale s'annonce.

À la 63e minute d'un match à sens unique, le Racingman Henry Chavancy balança dans les talanquères du Vélodrome Fritz Lee, qui venait d'aplatir l'essai du break définitif pour Clermont (37-12). Pour cette mesquine manifestation d'humeur, ce fils de général aurait mérité les arrêts de rigueur.
Ce geste crasseux résumait à lui seul la frustration de champions de France 2016 qui passèrent autant de temps à lever les bras au ciel pour réclamer des fautes qu'ils en avaient consacré en barrages à les extirper des plaquages pour offrir des *offloads.* Prenons notre souffle et énumérons : dans le vilain brouillon d'un Dan Carter moins lucide qu'au sortir d'un contrôle d'alcoolémie positif, dans les absences de Rokocoko qui n'aura joué qu'un match dans la saison, une semaine plus tôt face à Montpellier (ce qui fait cher du pas de l'oie), dans la mièvrerie du pack ciel et blanc autour des rucks, dans son apathie grotesque sur les renvois qu'Iturria et Penaud survolèrent sans partage, dans l'ineptie de lancements de jeu sans queue ni tête, dans son absence de punch, le Racing faisait plus que son âge. Si le mérite en revient d'abord aux têtes fraîches de la jeune classe clermontoise, ce succès sans partage doit aussi beaucoup aux traces laissées sur le cuir usé des grognards ciel et blanc par le combat féroce disputé face aux phalanges sud-africaines de l'Hérault.
Ceci posé, s'il y a une morale à offrir à l'usage des supporters rochelais frustrés, c'est que les plus contestables des décisions d'arbitrage ne peuvent rien contre l'esprit d'entreprise et un solide matelas de points. Si le carton rouge infligé à l'Auvergnat Flip Van der Merwe en début de deuxième mi-temps, pour une tentative de décollation de Teddy Thomas, n'eut pas l'influence de celui distribué à Aguillon la veille *(voir la double*

68

La demi-finale entre Clermont et le Racing 92 est la plus prolifique de l'histoire du Championnat, avec 68 points. Elle détrône celle de 2016 entre les deux mêmes clubs (34-33 a.p. pour le Racing).

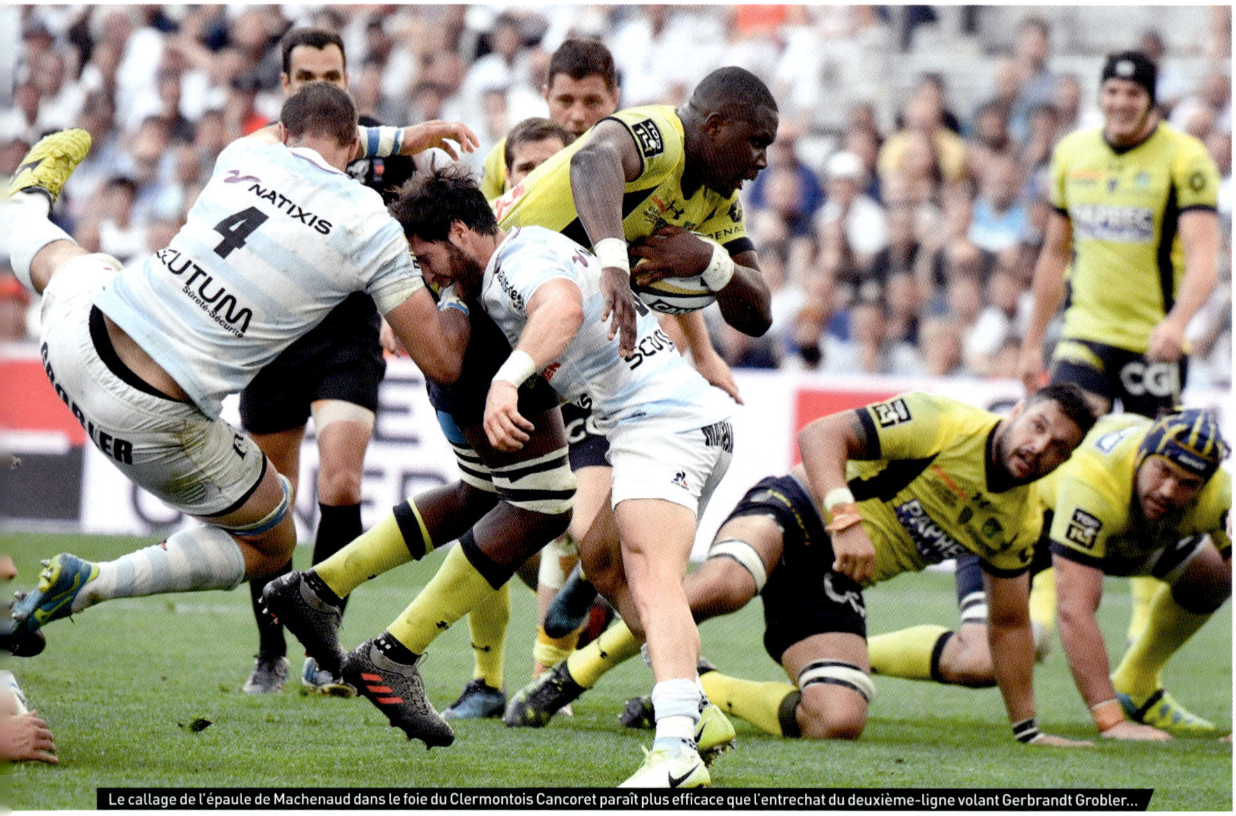

Le callage de l'épaule de Machenaud dans le foie du Clermontois Cancoret paraît plus efficace que l'entrechat du deuxième-ligne volant Gerbrandt Grobler...

page précédente), c'est que Clermont avait attaqué ce match sur un tempo endiablé qui était aussi le meilleur moyen d'éviter de gamberger sur une finale de Coupe d'Europe perdue quinze jours plus tôt face aux Saracens (17-28).

Les bambocheurs du 92 ont failli recoller

C'est après ce coup dur que Clermont fut fort. Aussi fort que le Racing l'avait été dans la finale 2016 après l'expulsion de Maxime Machenaud au Camp Nou. Et si Dan Carter, Chris Masoe et tous les bambocheurs de la saison régulière réussirent à recoller à sept points (19-12, 45e), l'embellie fut de courte durée. Sur le renvoi de la deuxième pénalité de Carter réussie après l'exclusion de Van der Merve, quatre avants du Racing se regardèrent en chiens de faïence pour offrir une nouvelle munition que Camille Lopez transforma en essai sur une pénalité jouée à la main (26-12, 47e).

Comme si le Racing 92, à bout de souffle, avait décidé d'adopter la tactique qui conduit au suicide face aux Clermontois : les regarder jouer. Qu'importe : pour l'ensemble de son œuvre cette saison et malgré un relatif manque d'efficacité (trois occasions d'essai oubliées et neuf points égarés au pied), Clermont est l'évident favori de l'inédite finale qui s'avance, puisqu'Auvergnats et Varois, étonnamment, ne se sont jamais affrontés en finale du Top 14.

PIERRE MICHEL BONNOT,
***L'ÉQUIPE* du 28 mai 2017**

Jeunes et conquérants

Clermont a injecté le sang neuf de quatre gamins (Penaud, Cancoriet, Raka, Iturria) après son échec européen. Tous ont pesé pour propulser l'ASM en finale.

Deux semaines après la déception de la finale de Coupe d'Europe perdue contre les Saracens (17-28), Franck Azéma avait décidé de rafraîchir ses troupes. Remplaçants ou absents à Édimbourg, le centre Damian Penaud (20 ans), le troisième-ligne Judicaël Cancoriet (21 ans) et l'ailier fidjien Alivereti Raka (22 ans) rejoignaient, pour défier le Racing, un Arthur Iturria déjà international à vingt-trois ans (une sélection). Tous se sont montrés à la hauteur des attentes.

Le premier ballon du match, sur le coup d'envoi jaune et bleu ? C'est Damian Penaud, toujours aérien, qui l'a rabattu dans son camp. Sous les yeux de son père, Alain, ancien ouvreur international (32 sélections entre 1992 et 2000), le centre a confirmé les promesses. Dans le même domaine, Iturria a fait des merveilles, dont cette envolée où il a comme scotché au sol tous les Franciliens (24e). C'est le deuxième-ligne qui a le plus impressionné. On l'a vu partout, à gratter au sol (15e), à plaquer à tour de bras, à peser offensivement avec ses courses déliées et ses mains adroites, décisives sur l'essai de Penaud (8-3, 18e). Mais aucun de ces gamins ne va fanfaronner. Prenez Judicaël Cancoriet (1,94 m, 110 kg), qui a fini perclus de crampes, et qui, au coup de sifflet final, est allé en tribunes embrasser sa mère et sa sœur... *« Les leaders sont venus nous parler, mais pas trop, il ne fallait pas nous monter le bourrichon ! »* rapporte le flanker. L'enjeu ne l'a pas paralysé, il évoque juste *« le stress normal d'un match de rugby »*. En écho, le supersonique Alivereti Raka, qui a apporté sa vitesse mais n'a pu conclure, répondait en souriant : *« C'est juste du rugby ! »*

AURÉLIEN BOUISSET,
***L'ÉQUIPE* du 28 mai 2017**

Damian Penaud marque en coin malgré Teddy Thomas (8-3, 18e).

Le Clermontois Arthur Iturria (au centre) était entré en jeu avec les Bleus contre l'Angleterre à Twickenham (19-16).

Plus forts que la peur

Si souvent maudits en finale, les Clermontois conquièrent au Stade de France leur deuxième titre de champion après celui de 2010. Mais Toulon est revenu tout, tout près en fin de match...

L'ÉQUIPE
Mladenovic enflamme ses fans
Pari perdu
CLERMONT PATRON

Il n'y a que les Clermontois pour perdre ainsi le fil d'une finale qu'ils étaient partis pour dominer sans partage. Que les Clermontois pour laisser le doute s'immiscer alors qu'ils n'avaient aucune raison de douter de leur supériorité.

Dominatrice dans les secteurs critiques de la mêlée fermée et dans le jeu au sol, doté d'un buteur hyper-fiable – Morgan Parra (15 points), aussi lucide face aux perches que courageux au ras du gazon – et équipée derrière d'autant de vitesse que de savoir entreprendre, l'ASM, telle qu'en elle-même, a dû attendre une dernière pénaltouche, un ultime ballon porté, une énième munition grattée par ce même Parra pour pouvoir soulever enfin son deuxième bouclier de Brennus en treize tentatives. Si, question efficacité on reste très loin de la Section Paloise, trois sacres en autant de finales (1928, 1946, 1964), voilà un titre qui va donner un peu d'air aux Auvergnats et une finale qui va contribuer à entretenir une vieille réputation de fragilité mentale. En même temps, il n'y a que Toulon pour organiser tout au long de la saison son propre bazar, pour y survivre aux beaux jours et batailler encore pour le titre à l'ultime minute d'une finale où toute autre équipe pareillement équipée en aurait pris quarante.

Sans buteur ni stratège d'expérience, lesté derrière par la désolante lenteur de Drew Mitchell et sans solution pour surprendre la défense clermontoise, Toulon est tout de même parvenu à mourir debout. Le RCT le doit à à Nonu, énorme, à Bastareaud, à Guirado, à Vermeulen et à un Taofifenua épatant de constance. Mais, bien incapable de suite dans les idées au terme d'une saison à trois managers (Dominguez, Ford, Cockerill), Toulon n'avait pas ce qu'il fallait pour surmonter les deux poteaux sortants de son jeune buteur Anthony Belleau en début de deuxième mi-temps.

À l'inverse, si Clermont a tenu le coup jusqu'au bout, si les nerfs n'ont pas lâché malgré le carton jaune de Lee (35e) et les blessures (Fofana, Toeava, Nakaitaci, Vahaamahina), c'est que Franck Azéma a su toute la saison durant impliquer un groupe élargi au sein duquel toute une jeunesse a fleuri, comme l'incarnent à la perfection le centre Damian Penaud ou l'ailier fidjien Alivereti Raka. Et si c'est elle qui a failli flancher sur la pelouse du Stade de France, c'est aussi elle qui a permis l'entame de match qui allait s'avérer salvatrice.

L'ogre toulonnais Liam Gill et le Minotaure clermontois Sitaleki Timani se tiennent par la barbichette...

Car Clermont avait réussi un début à enfumer les légions de fantômes jaune et bleu défaits, fatalement accrochés aux crampons de tout finaliste vêtu de cette tunique. Non seulement les jeunes Clermontois ont réussi, pour prendre le score dès le premier ballon conquis (pénalité de Parra, 6e), à réciter le jeu de mouvement qu'ils s'emploient à perfectionner depuis que Vern Cotter a entrepris en 2006 de secouer le ronron auvergnat. Mais, surtout, ils ont su répondre au défi de la puissance toulonnaise par une puissance égale dans un fracas des corps auquel on pouvait s'étonner de voir

Ma'a Nonu fixe l'arrière clermontois Nick Abendanon pour mieux passer à son troisième-ligne Liam Gill.

Sur un simple changement d'appuis à pleine vitesse, Damian Penaud envoie au sol l'arrière du RCT James O'Connor…

… et, 70 mètres plus loin, l'ailier Alivereti Raka aplatit malgré le plongeon désespéré d'Elvis Vermeulen (10-0, 10e).

prendre part Romain Taofifenua, évacué sur une civière une semaine plus tôt à Marseille pour un spectaculaire K.-O., et qui, pour l'exemple et le réconfort de toutes les mères de rugbymen en herbe, aurait dû suivre ce spectacle dantesque depuis les tribunes, au côté du Clermontois Van der Merwe, suspendu pour une vilaine cravate en demi-finales.

Mais il faut croire qu'un règlement pointilleux n'empêche pas un sentimentalisme d'un autre âge puisque, pour un même geste coupable sur O'Connor, Lee n'avait écopé que d'un jaune. On jouait la trente-cinquième minute du match et Toulon entrait enfin dans un match trop inexorablement dominé par Clermont pour émouvoir vraiment. C'est que la seule démonstration de force toulonnaise de cette première demi-heure s'était conclue par un essai clermontois sur ballon arraché à Taofifenua par Abendanon et aplati cent mètres plus loin par Raka sur un service impeccable de Penaud (10-0, 10e). Le cavalier seul venait de s'achever.

Bringuebalé en mêlée, mal à l'aise au ras du sol, Toulon, contre toute vraisemblance, allait revenir sur un but de Belleau (13-3, 33e) et un essai de Tuisova bien lancé par Mitchell : 16-10 à la mi-temps, c'était à ne pas y croire pour qui n'aurait vu que le premier quart d'heure du match.

L'angoisse clermontoise ne faisait que commencer… Elle n'allait que croître : pénalité de Belleau après un coup de poing de Chouly sur Kruger (16-13, 44e) ; pénalité contre la mêlée clermontoise transformée par Trinh-Duc (19-16, 72e). À cinq minutes de la fin, malgré un dernier but de Parra (22-16, 74e), Toulon pouvait encore passer sur un essai transformé. La peur était partout. Mais Parra allait gratter ce dernier ballon décisif, dans un dernier ruck sauvage après la sirène…

PIERRE MICHEL BONNOT,
L'ÉQUIPE du 5 juin 2017

Clermont 16 **22-16** 10 **Toulon**

Arbitre : M. Poite (Midi-Pyrénées). Stade de France. **79 771 spectateurs.**

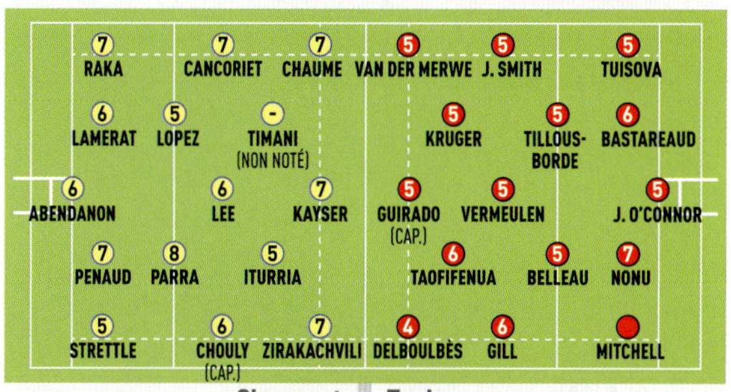

Clermont

Réalisations : 1 E, Raka (10e) ; 5 B, Parra (6e, 22e, 40e, 49e, 74e) ; 1 T, Parra (10e).
Remplacements : 26e : Timani par Jedrasiak ; 42e : Iturria par Yato ; 50e : Penaud par Rougerie ; 61e : Kayser par Ulugia ; 68e : Chaume par Falgoux ; 72e : Strettle par Fernandez ; 78e : Zirakachvili par Jarvis.
Cartons : 1 jaune : F. Lee (35e).
Entraîneurs : F. Azéma, J. Gibbes, D. Bès et X. Sadourny.

Toulon

Réalisations : 1 E, Tuisova (37e) ; 3 B, Belleau (33e, 44e), Trinh-Duc (72e) ; 1 T, Belleau (37e).
Remplacements : 54e : M. Van der Merwe par Chilachava ; 55e : Delboulbès par Chiocci ; 61e : D. Mitchell par Giteau, Belleau par Trinh-Duc ; 64e : R. Taofifenua par Gorgodze, J. Smith par Fernandez Lobbe ; 69e : Guirado par Etrillard ; 78e : Fernandez Lobbe par J. Smith.
Temporaires : O'Connor par Trinh-Duc (34e-41e) ; Delboulbès par Chiocci (42e-54e) ; Tuisova par D. Mitchell (69e-77e).
Cartons : Aucun.
Entraîneurs : R. Cockerill, M. Dal Maso et M. Giteau.

Et souffrir de plaisir

Parti à fond, Clermont a dû remiser son beau jeu, celui étalé toute la saison, pour gagner cette finale au combat, avec une moelle remarquable.

Peceli Yato sait s'agenouiller. C'est pratique quand on lui demande de couvrir le poste de deuxième-ligne, comme en demi-finales. Au Stade de France, comme les autres Fidjiens, le flanker couteau suisse a même gratifié le président Macron d'une génuflexion, la plus grande marque de respect pour des Fidjiens. Mais Yato sait aussi sauter comme un cabri. C'est lui qui a jailli le plus vite au moment de la délivrance pour se rapprocher du mur jaune des supporters qui n'a rien à envier à celui de Dortmund en football. L'entraîneur Franck Azéma, lui, ne tenait plus en place depuis plusieurs minutes. S'il avait pu, il aurait repris une licence pour aller repousser les Toulonnais avec ses joueurs. *« On a tellement souffert par le passé que, même à trois minutes de la fin, tu te dis : "C'est pas possible de gagner !" »* Si, c'est possible, la preuve.

« Sur l'impact physique, Toulon nous a fait déjouer. Mais on ne s'est pas fait ch... pour rien », résumera Aurélien Rougerie. On ne saurait pas mieux dire. Parce que, oui, Clermont en a bavé. La victoire d'un soir ne ressemble pas toujours à celles qui ont précédé. À Saint-Denis, on a senti une équipe qui a beaucoup donné (et aussi régalé) durant la saison et qui a fini avec la fumée qui sortait du capot. Les crampes de Penaud, sorti à la 50e, Kayser qui tire la langue à l'heure de jeu mais qui s'accroche, Cancoriet qui a l'air carbonisé mais qui gratte, avec Morgan Parra, le dernier ballon. Celui qui soulage.

Mais aussi une deuxième ligne rafistolée après que Sitaleki Timani eut mis le clignotant dès la 25e minute et que le pauvre Arthur Iturria eut croisé deux fois la route de l'autocar Nonu, soit au moins une de trop. Le jeune espoir de la deuxième ligne ne pourra, du coup, partir en tournée avec les Bleus en Afrique du Sud. *« C'est la solidarité qui nous a fait gagner aujourd'hui*, dira Damien Chouly. *La puissance de Toulon nous a fait très mal. »* Évidemment, tout ça sera vite oublié quand on reparlera de ce Brennus dans cinquante ans.

Au tout début, Clermont a sorti le grand jeu dès la première action. Seul un en-avant de Chouly évita un essai d'entrée aux Toulonnais. Cette entame remarquable se confirma juste après, quand Abendanon arracha le ballon à Taofifenua à cinq mètres de sa ligne avant que Penaud n'enclenche un contre splendide, conclu par Raka (10-0, 10e). Spécialité maison : l'ASM est l'équipe du Top 14 qui inscrit son premier essai le plus tôt. Mais la machine à laver tou-

« On a eu l'impression de jouer quatre ou cinq saisons en une, avec tout ce qui s'est passé. Deux années sans titre, on n'y est pas habitués, c'est difficile à vivre. Ce sont deux années avec le même parcours : un quart de Coupe d'Europe et une finale de Top 14. C'est dur à avaler. »

GUILHEM GUIRADO, talonneur et capitaine de Toulon.

Tampon du Toulonnais Romain Taofifenua sur Camille Lopez. Certains chocs ont retenti jusque dans les tribunes du Stade de France.

L'arbitre vient de siffler. La délivrance pour Morgan Parra, meilleur joueur du match, Iturria et Fernandez (de g. à dr.).

lonnaise allait enclencher le bon programme. Camille Lopez, si essentiel cette saison, ne trouvait pas la solution. Il rata même plusieurs plaquages dont un, gênant, sur Nonu juste avant l'essai de Tuisova (13-10, 37e). Les plaquages ratés, il y en a eu beaucoup.

Et des touches perdues à des endroits peu recommandables. Un jeu au pied d'occupation très moyen. Il fallait se cracher dans les pognes et l'ASM a su le faire, s'en remettant au seul Raka pour faire avancer sa cause offensive. Lui aussi s'était agenouillé devant le président. Après, ce sont surtout les autres qui se sont aplatis devant lui. Au début, quand il est arrivé à Clermont (en 2014), l'ailier fidjien n'avait pas l'habitude de courir en crampons. Ses chronos n'étaient pas si bons que ça. Ça a bien changé depuis...

FRÉDÉRIC BERNÈS,
***L'ÉQUIPE* du 5 juin 2017**

Raka-Tuisova, le match dans le match

Le duel entre les deux ailiers fidjiens a illuminé la finale.

La première banderille de Raka le Clermontois
10e minute : sur un ballon de récupération, les Clermontois développent un contre fulgurant parti de leurs propres 22 mètres. Penaud avale 50 mètres de terrain avant de servir Raka sur son aile gauche. Le jeune Fidjien (22 ans) a alors un un-contre-un à négocier face à son compatriote Tuisova sur une bande de 25 mètres de large. Pain bénit pour le Clermontois, qui choisit de prendre le Toulonnais à contre-pied d'un crochet intérieur fulgurant.
Raka, 1 - Tuisova, 0

La réponse de Tuisova le Toulonnais
37e minute : sans doute vexé d'avoir été éliminé aussi facilement par son vis-à-vis, Josua Tuisova réplique dans son style caractéristique, tout en puissance. À cinq mètres de la ligne d'essai, le Toulonnais, champion olympique à 7 en 2016 à Rio, ne s'embarrasse pas de crochet et envoie Raka cul par-dessus tête d'une percussion dont il a le secret.Il résiste ensuite au retour de Penaud et Abendanon pour marquer en coin.
Raka, 1 - Tuisova, 1

« Les Toulonnais ont vendu chèrement leur peau. Sur l'impact physique, ils nous ont fait déjouer. Je suis très content pour nos jeunes, je suis en admiration devant leur talent et leur compréhension de notre jeu. C'est une joie énorme de concrétiser les efforts de onze mois, les sacrifices de nos supporters qui sont là dans les moments de joie et de peine. »
AURÉLIEN ROUGERIE, centre de Clermont.

En Jaude et bleu

C'est sur la plus célèbre place de Clermont-Ferrand que les joueurs de l'ASM ont présenté le bouclier de Brennus à 50 000 supporters, après avoir confié leur soulagement et leur fierté.

Au lendemain de leur victoire au Stade de France, les nouveaux champions ont présenté leur Brennus devant une foule de plus de 50 000 fans. En ce lundi de Pentecôte, ils sont apparus, enfants dans les bras pour la plupart, vers 17 h 15, sur l'estrade de la place de Jaude, avec un peu de retard, car leur train avait ralenti en gare de Moulins afin que des dizaines de supporters présents sur le quai puissent les saluer.

À leur arrivée et pendant toute la présentation, l'armée des jaunards n'a cessé d'acclamer les héros, de chanter et d'agiter les drapeaux. *« On a été plutôt bons, non ? »* se demandait Alexandre quelques minutes après la fin de la présentation. S'il ne connaît pas la réponse, les joueurs l'ont pour lui… *« Le moment que l'on vient de vivre restera gravé à vie*, disait l'ouvreur Camille Lopez. *Le jour où je partirai, ce moment partira avec moi. »* Tour à tour, les Clermontois ont soulevé le trophée. Comme un symbole, Thomas Domingo, Clermontois depuis treize saisons, en partance pour Pau, a pris le bouclier de Brennus dans ses bras afin que les supporters des premiers rangs puissent toucher le fameux bout de bois. *« J'avais l'impression qu'il y avait toute l'Auvergne sur la place ! Le clapping avec toute la foule, c'était énorme ! »* s'émouvait le troisième-ligne Judicaël Cancoriet.

Pour les joueurs et l'encadrement, la fierté d'être là succédait à un autre sentiment éprouvé la veille sur la pelouse du Stade de France : la peur de tout perdre dans une ultime minute du match qui a mis *« le palpitant à 200 »* à Benjamin Kayser et a donné envie à l'entraîneur Franck Azéma *« de rentrer et plaquer ». « Dans le vestiaire, les mecs sont ravis, mais certains y croient à moitié*, décrivait au Stade de France Benjamin Kayser. *Est-ce qu'on a le droit d'être heureux, de se lâcher ? On en a vécu tellement, des moments de merde dans ces vestiaires, avec de la sueur, du sang, des bières de défaite… »*

Clermont s'est débarrassé d'un poids énorme. *« On a dégagé cette étiquette ! »* se réjouissait Franck Azéma. L'entraîneur

Si souvent frustrés par de cruelles défaites, les supporters clermontois peuvent enfin afficher leur fierté jaune et bleu au cœur de la capitale auvergnate.

Morgan Parra et Camille Lopez brandissent à quatre mains le bouclier de Brennus. La cohésion de leur charnière impressionne une nouvelle fois…

clermontois a rendu hommage à Vern Cotter, son prédécesseur qui a transformé sportivement le club pendant son long mandat (2006-2014), *« avec des fondations solides »*. C'est comme si ce n'était pas la saison 2016-2017 qui avait été couronnée, mais une révolution de longue haleine. Clermont compte sur son centre de formation depuis un moment déjà, met un point d'honneur à remporter souvent le Championnat Espoirs, explore les pistes fidjienne ou géorgienne.

Une philosophie de jeu moins romantique

Depuis sa prise de fonctions, comme directeur sportif en 2014, Azéma gère ses jeunes recrues avec précaution et intelligence, les intégrant patiemment au groupe pro tout en prenant garde à ne pas les y brûler. Les pépites Penaud, Cancoriet ou Raka (21 ans) n'ont pas éclos à Saint-Denis : elles ont découvert le Top 14 en 2015-2016, déjà, en s'inscrivant dans la philosophie de jeu pratiquée depuis une décennie et peaufinée par Azéma, avec l'apport crucial de Jono Gibbes, son adjoint en charge des avants. La quête romantique des extérieurs, des grandes chevauchées, a pris de la maturité avec ce duo, se faisant plus froid, plus combatif, plus réfléchi. Et la suite ? Si un Kayser suspecte *« une phase de transition »* et veut voir dans ce Brennus *« la fin de quelque chose, parce que Jono part pour l'Ulster et que des mecs importants du groupe s'en vont, comme Stanley, Domingo, Debaty »*, le président Éric de Cromières annonçait avec le sourire vouloir *« essayer de faire le doublé la saison prochaine »*.

Avec la sérénité que leur apporte ce Brennus, après tant de désillusions, les Clermontois ont tout pour accélérer leur quête de trophées. À commencer par la foi en leur trajectoire. *« C'est le début de quelque chose »*, clame Azéma.

AURÉLIEN BOUISSET et **THOMAS ROIGNANT**,
L'ÉQUIPE du 6 juin 2017

11

Le nombre de joueurs clermontois appelés en équipe de France par Guy Novès en 2016-2017 : le pilier Clément Ric, les deuxième-ligne Sébastien Vahaamahina, Arthur Iturria et Paul Jedresiak, le troisième-ligne Damien Chouly, l'ouvreur Camille Lopez, les centres Rémi Lamerat, Wesley Fofana et Damian Penaud, l'ailier Noa Nakaitaci et l'arrière Scott Spedding.

La saison des tampons

Dans la foulée de la phase régulière, les play-offs ont marqué par leur violence dans les zones d'affrontement. Charges et plaquages spectaculaires mettent en danger la santé des joueurs, donc du rugby.

Pau-Toulouse, le 29 octobre 2016 au stade du Hameau (9e journée). Le Palois James Coughlan percute Maks Van Dyk et Yoann Maestri, qui le bloque à la carotide.

Le 20 mai 2017, à la 75e minute du barrage entre Montpellier et le Racing (13-22), Romain Poite profite d'un temps mort pour demander au quatrième arbitre : *« On en est à combien de protocoles ? Je n'ai jamais vu ça… » « Je ne sais pas, on ne peut même plus les compter »*, lui répond son compère.

Lors des cinq rencontres de phase finale, dix-neuf protocoles commotion ont été demandés, un chiffre vertigineux. Le futur coach de Toulon, Fabien Galthié, pense qu'une frontière a été franchie en 2017 : *« Le rugby est un sport où l'on cherche à marquer, à diminuer l'adversaire mais là, ça va loin… »* Pendant les rencontres de phase finale, les chocs des corps se sont succédé sans répit, impressionnants et effrayants. L'exemple de l'ailier fidjien du RCT, Josua Tuisova, 108 kg, préférant foncer dans ses adversaires que les éviter, est le plus parlant. Il a percuté contre Castres en barrage, contre La Rochelle en demi-finales et contre Clermont, *« tel un char d'assaut »*, selon l'expression du neurochirurgien qui suit les joueurs auvergnats, Jean Chazal.

Au soir de la finale, juste après la victoire de son équipe (22-16), le talonneur de l'ASM Benjamin Kayser a lâché : *« Le rugby devient complètement débile. Quand on voit l'intensité des barrages, des demies, c'est foudroyant ! Quand on a pris un coup sur la tête, il faut s'arrêter trois semaines, un mois. J'ai trop peur du mec qui, sous la pression du résultat, va prendre un coup et serrer les dents, en prendre un deuxième et ne rien dire. Il faut relâcher un peu la pression du résultat et augmenter les plages de repos. Mais*

Clermont-Montpellier, le 12 mars à Marcel-Michelin (20e journée). Après un choc causé par l'Héraultais Willemse, John Ulugia (à gauche) et Stephen Brett restent au sol. Le second sera évacué.

cela n'a pas l'air d'actualité. » En attendant, les impacts se répètent, entre 30 et 50 par match et par joueur, à une force souvent mesurée à 3G, parfois plus. *« C'est du niveau d'un accident de la route*, affirme Alexis Déjardin, préparateur physique depuis 1981. *La vitesse et la force sont utilisées pour affaiblir l'autre, pour le lézarder, dans sa tête et dans ses muscles.* »

En vingt ans de professionnalisme, les gabarits ont enflé : en moyenne, les centres ont pris douze kilos, les piliers et les talonneurs, dix, et les troisième-ligne, huit. Le rugby a aussi évolué. Déjardin, toujours : *« Avant, on s'entraînait pour aller au bout d'un match ; maintenant, quand un joueur ne cogne plus assez fort, on le change. En plus, en Top 14, on ne veut pas se faire trop de passes, de peur de se faire contrer, alors on recherche le défi physique.* » Un avis partagé par Fabien Galthié : *« Le problème est plus criant en France qu'ailleurs. On pratique à outrance un rugby d'affrontement direct, mais ce n'est pas comme ça dans le Championnat anglais ou la Ligue celte et encore moins dans le Super Rugby où il y a plus de vitesse, plus de passes, plus de variation. Est-ce une dérive de notre Championnat ? Est-ce qu'on se trompe ? On est dans un rugby de démolition.* » Pourtant, lors de la Coupe du monde 2015, une étude a établi que les équipes les plus performantes étaient les plus athlétiques, c'est-à-dire celles qui privilégiaient la vitesse, la détente et l'agilité…

DOMINIQUE ISSARTEL,
***L'ÉQUIPE* du 7 juin 2017**

12

Le nombre de joueurs renversés à la suite d'une charge de Josua Tuisova lors de la phase finale du Top 14 (trois matches). Mais aucune des percussions de l'ailier toulonnais n'était répréhensible.

« Tu es sonné, tu vois quelques étoiles… »

Les internationaux Lamboley et Szarzewski ainsi que l'arbitre de la finale Romain Poite racontent de l'intérieur la virulence des chocs dans le Top 14.

Grégory Lamboley (Toulouse, 14 sélections) :
« À Toulouse, des joueurs comme Dusautoir ou Fritz sont restés sur le terrain alors qu'ils étaient K.-O. Certains rugbymen sont devenus hors norme. Quand tu les plaques, ça fait encore plus mal. Le ressenti, c'est comme un coup de jus, ton épaule est engourdie. Si ça touche la tête, tu es sonné, tu vois quelques étoiles, sans perdre forcément connaissance. Entre les plaquages, les charges et les rucks, il n'y a plus un match où tu sors sans un gros pet. Des joueurs comme Tuisova ou Botia, qui sont rapides et costauds, tu sais qu'ils vont te faire mal, l'impact est hallucinant. Et, en plus, ils mettent souvent le bras en avant… »

Dimitri Szarzewski (Racing 92, 83 sélections) :
« Je me suis surpris à me dire : "Je fais des trucs comme ça moi ?" Quand on est sur le terrain, avec l'adrénaline, on ne se rend pas compte de la violence des chocs. On cherche à bloquer l'adversaire de plus enplus haut et c'est devenu dangereux. La question de revenir à des plaquages au niveau de la ceinture, qui libéreraient les bras, doit se poser. Les corps seraient moins meurtris. Les chocs sont trop traumatisants. Le matin, quand je me réveille, j'ai mal partout, surtout au niveau des épaules. Les plages de récupération ne sont pas suffisantes. On en est arrivés à un point où le seul moyen pour se régénérer, c'est la blessure. »

Romain Poite (arbitre international) :
« En finale, ça a tapé fort. Mais quand les joueurs restent dans les règles, je n'ai aucun moyen de juger de façon négative ces phénomènes. Tuisova, quand il percute, c'est presque dangereux. Pourtant, ses charges ne sont pas répréhensibles d'un point de vue réglementaire. Il faudrait des échanges entre les techniciens, les médecins, les observateurs pour définir des limites acceptables et acceptées de tous. C'est aussi la façon dont les entraîneurs font jouer leur équipe qui développe des comportements à la limite de l'acceptable pour l'intégrité physique des joueurs. »

DOMINIQUE ISSARTEL
et MAXIME RAULIN,
***L'ÉQUIPE* du 7 juin 2017**

« Oyo » tout en haut

Sous des seaux d'eau, l'USO s'assure au stade Charles-Mathon la première place de Pro D2 et l'accession directe au Top 14, un an seulement après l'avoir quitté.

Pour Oyonnax comme pour Perpignan, l'enjeu de l'avant-dernière journée de Pro D2 était clair : en cas de victoire, l'USAP se qualifiait pour les demi-finales ; en cas de succès à domicile, les joueurs de l'Ain s'assuraient, à quelques configurations mathématiques près, le titre de champion de France, devant Agen. C'est le deuxième scénario qui a prévalu.
Oyonnax a mis la main sur le match d'entrée de jeu grâce à un essai après un ruck (MacDonald, 4e) et à un buteur irréprochable. Les mauvaises langues diront que les locaux ont été avantagés par la météo... puisqu'il n'a cessé de pleuvoir des seaux d'eau à Mathon. Mais, devant son public, c'est surtout Ben Botica qui a fait pleuvoir des points au pied. Le buteur néo-zélandais s'est montré au-dessus du lot, avec un parfait cinq sur cinq. Il a aussi trouvé des touches impossibles qui ont libéré les siens de la pression catalane, surtout en deuxième période où les Perpignanais ont réussi à perturber la vague rouge, notamment en mêlée et en touche. Mais l'USO a réussi à préserver in extremis, sans trop trembler (19-9), l'avantage acquis en première mi-temps (16-3).
La saison avait pourtant mal commencée dans le haut Bugey. Dernier du Top 14 en 2015-2016, le club avait dû ravaler ses belles déclarations d'intention prononcées à l'orée de la nouvelle saison. Au lieu de la chanson de geste promise, on se retrouve à tirer la langue à défendre sur des groupés pénétrants... L'USO est passée par cette période maladroite, matée à Mathon le 8 septembre 2016 par Colomiers (19-21) lors de la troisième journée. *« Ce début de saison est une déception... Et au niveau de la discipline, c'est une catastrophe »*, commentait alors le président Thierry Émin. Il venait à peine d'assener la critique que le joueur tonguien Vainikolo assommait lors d'une troisième mi-temps un supporter de l'USO... Il sera condamné à un an de prison avec sursis.
Mais Oyonnax ne s'est pas vautré dans la médiocrité. Tout a commencé par un vif resserrage de boulons par les entraîneurs, Johann Authier et Stéphane Glas. Les Rouge et Noir ont retrouvé peu à peu un jeu plus efficace. Ont signé surtout deux succès majuscules, le premier en janvier 2017 à Aurillac, qui n'avait pas perdu à Tristan-Alric depuis plus de deux ans (24-26, 18e journée), le second à Agen fin mars lors du match le plus abouti des hommes de l'Ain (26-31, 25e journée). Enfin, ils n'ont plus perdu un seul match à domicile jusqu'au terme du Championnat.

LUC FOLLIET et PATXI VRIGNON-ETXEZAHARRETA,
L'ÉQUIPE des 27 et 28 avril 2017

Le demi de mêlée Ben Botica s'apprête à transmettre. Le Néo-Zélandais d'Oyonnax a aussi réussi un sans-faute au pied contre l'USAP (5 sur 5).

19

C'est le nombre de mois passés par Johann Authier au poste d'entraîneur principal d'Oyonnax. Arrivé à la tête de l'équipe première en novembre 2015 à la place d'Olivier Azam, l'ancien demi de mêlée a conduit ses hommes au titre de champion tout en sachant, à partir de janvier 2017, qu'il ne serait pas reconduit dans ses fonctions. Par solidarité, l'entraîneur des trois-quarts et ancien international Stéphane Glas (37 sélections de 1996 à 2001) a lui aussi quitté le club en fin de saison.

Le beau cadeau de Darbo

À Bordeaux, le demi de mêlée d'Agen conduit son club à un succès en finale d'accession qui le prive de Top 14 à titre personnel, puisqu'il a signé à Montauban pour la saison 2017-2018.

Ça ne consolera pas les Montalbanais mais, depuis la finale de la Pro D2 disputée au stade Chaban-Delmas de Bordeaux, ils ont l'absolue certitude qu'ils posséderont un très bon demi de mêlée en 2017-2018. Auteur de vingt et un points dont seize au pied (7 sur 7, 100 % de réussite), Clément Darbo a crucifié ses futurs coéquipiers en inscrivant un essai dès la deuxième minute. Au prix d'une accélération qu'il n'imaginait sans doute pas lorsqu'il se blessa en tapant au but durant l'échauffement. « *Je me suis fait une élongation à la cuisse, mais je tenais absolument à jouer, parce que, si j'avais dû déclarer forfait, j'en aurais entendu parler,* souriait l'un des héros agenais. *Sur le premier essai, je n'y ai pas pensé, mais ça a réveillé la douleur quand j'ai accéléré. Ma cuisse m'a aussi fait souffrir sur les premiers coups de pied, car, à chaque fois que je tapais, j'avais mal.* »
Mais Darbo a serré les dents , et ce jusqu'à la 69e minute où il a été remplacé par Abadie . « *Le mental a pris le relais*, appréciait Mathieu Blin, manager (lui aussi en partance) du SUA. *Au regard de la performance individuelle de Clément, on voit la dignité et la loyauté du mec.* » Effectivement, le futur ex-Agenais ne s'est pas laissé polluer par sa position contractuelle inconfortable et a livré une prestation de haut vol : « *Je n'y ai pas du tout pensé. Mon contrat commence le 1er juillet 2017 à Montauban. J'avais une finale à jouer et je n'ai pas triché ; j'ai fait mon match. Mais, ça, je l'avais dit.* » Il l'a dit et il l'a fait. Très ému, évidemment, au coup de sifflet final. « *J'ai pleuré en pensant à tous les amis que je vais quitter.* »

Malgré sa cuisse endolorie, Clément Darbo accélère et va à l'essai (5-0, 2e).

2

Oyonnax et Agen, les deux promus en Top 14 au terme de la saison 2016-2017, avaient quitté l'élite main dans la main au printemps 2016. C'est la deuxième fois de suite que ce va-et-vient express se produit, puisque Lyon et Bayonne, éjectés du Top 14 en mai 2015, l'avaient déjà tous deux retrouvé en août 2016...

Au moins dix Agenais sur le départ

Clément Darbo n'était pas le seul Agenais à jouer à Bordeaux son dernier match pour le SUA. Sept autres éléments figurant sur la feuille de match à Bordeaux seront partis ailleurs lors du coup d'envoi du Top 14 2017-2018 : Tadjer (Brive), Hollinshead (Japon), Paris (Castres), Nakosi (Toulon), Dufour (Bordeaux-Bègles), Tau (Perpignan), Francis (Grenoble), sans compter Demotte (La Rochelle), tandis que N'Nomo et Vaquin, se seront retirés des terrains.
Sans ces joueurs et avec un budget qui ne devrait pas dépasser 14 millions d'euros, quelles seront les ambitions d'Agen dans l'élite ? « *J'en ai marre qu'on ne me parle que de l'argent. Ce ne sont pas les billets de banque qui jouent !* réplique le président du club, Alain Tingaud. *On restera sur les mêmes fondamentaux : de l'intensité, de la vitesse, du jeu à l'agenaise, quoi.* »

HAMID IMAKHOUKHENE,
L'ÉQUIPE du 22 mai 2017

Antoine Erbani, troisième-ligne comme son père Dominique, soulève le trophée symbolisant la victoire en finale d'accession.

TOURNOI DES SIX NATIONS

1re JOURNÉE

4 et 5 février 2017

Écosse - Irlande*	27-22
Angleterre - France*	19-16
Italie - Galles	7-33

2e JOURNÉE

11 et 12 février 2017

Italie - Irlande*	10-63
Galles* - Angleterre	16-21
France - Écosse*	22-16

3e JOURNÉE

25 et 26 février 2017

Écosse - Galles	29-13
Irlande - France	19-9
Angleterre* - Italie	36-15

*Point de bonus (offensif ou défensif).

4e JOURNÉE

10 et 11 mars 2017

Galles - Irlande	22-9
Italie - France*	18-40
Angleterre* - Écosse	61-21

5e JOURNÉE

18 mars 2017

Écosse* - Italie	29-0
France - Galles*	20-18
Irlande - Angleterre*	13-9

CLASSEMENT FINAL

	Pts	J.	G.	N.	P.	p.	c.	diff.	Bo	Bd
1. Angleterre	19	5	4	0	1	16	8	+65	2	1
2. Irlande	14	5	3	0	2	14	7	+49	1	1
3. France	14	5	3	0	2	8	6	+17	1	1
4. Écosse	14	5	3	0	2	14	12	+4	1	1
5. Galles	10	5	2	0	3	8	7	+16	0	2
6. Italie	0	5	0	0	5	6	26	-151	0	0

TEST-MATCHES

22 octobre 2016	
Nouvelle-Zélande - Australie (Bledisloe Cup)	37-10
5 novembre 2016	
Japon - Argentine	20-54
Galles - Australie	8-32
Barbarians - Afrique du Sud	31-31
Irlande - Nouvelle-Zélande	40-29
11 novembre 2016	
Barbarians - Fidji	40-7
12 novembre 2016	
Géorgie - Japon	22-28
Italie - Nouvelle-Zélande	10-68
Écosse - Australie	22-23
Angleterre - Afrique du Sud	37-21
Espagne - Tonga	13-28
Roumanie - États-Unis	23-10
France - Samoa	52-8
Galles - Argentine	24-20
Irlande - Canada	52-21
19 novembre 2016	
Géorgie - Samoa	20-16
Italie - Afrique du Sud	20-18
Angleterre - Fidji	58-15
Galles - Japon	33-30
Espagne - Uruguay	33-16
Roumanie - Canada	21-16
Tonga - États-Unis	20-17
Écosse - Argentine	19-16
Irlande - Nouvelle-Zélande	9-21
France - Australie	23-25
25 novembre 2016	
Canada - Samoa	23-25
26 novembre 2016	
Italie - Tonga	17-19
Fidji - Japon	38-25
Écosse - Géorgie	43-16
Angleterre - Argentine	27-14
Roumanie - Uruguay	36-10
Galles - Afrique du Sud	27-13
Irlande - Australie	27-24
France - Nouvelle-Zélande	19-24
3 décembre 2016	
Angleterre - Australie	37-21
10 juin 2017	
Australie - Fidji	37-14
Japon - Roumanie	33 21
Italie - Écosse	13-34
Afrique du Sud - France	37-14
Argentine - Angleterre	34-38
Canada - Géorgie	0-13
États-Unis - Irlande	19-55
16 juin 2017	
Tonga - Galles	6-24
Nouvelle-Zélande - Samoa	78-0
17 juin 2017	
Fidji - Italie	22-19
Australie - Écosse	19-24
Japon - Irlande	22-50
Afrique du Sud - France	37-15
Argentine - Angleterre	25-35
Canada - Roumanie	9-25
18 juin 2017	
États-Unis - Géorgie	17-21
23 juin 2017	
Samoa - Galles	17-19
24 juin 2017	
Fidji - Écosse	27-22
Australie - Italie	40-27
Japon - Irlande	13-35
Nouvelle-Zélande - Lions britanniques	30-15
Afrique du Sud - France	35-12
Argentine - Géorgie	45-29
1er juillet 2017	
Nouvelle-Zélande - Lions britanniques	21-24
8 juillet 2017	
Tonga - Fidji	10-14
Nouvelle-Zélande - Lions britanniques	15-15

CHAMPIONNAT EUROPÉEN DES NATIONS

1re JOURNÉE

11 février 2017

Allemagne - Roumanie*	41-38
Belgique - Géorgie*	6-31
Espagne - Russie	16-6

2e JOURNÉE

18 et 19 février 2017

Roumanie - Espagne	13-3
Belgique* - Russie	18-25
Géorgie* - Allemagne	50-6

3e JOURNÉE

4 mars 2017

Russie - Roumanie*	10-30
Espagne - Géorgie	10-20
Allemagne - Belgique*	34-29

*Point de bonus (offensif ou défensif).

4e JOURNÉE

11 et 12 mars 2017

Belgique - Roumanie*	17-33
Allemagne - Espagne	15-32
Géorgie - Russie	28-14

5e JOURNÉE

18 et 19 mars 2017

Espagne* - Belgique	30-0
Roumanie - Géorgie*	8-7
Russie* - Allemagne	52-25

CLASSEMENT FINAL

	Pts	J.	G.	N.	P.	Bo	Bd	diff.
1. Roumanie	19	5	4	0	1	2	1	+44
2. Géorgie	19	5	4	0	1	2	1	+ 92
3. Espagne	13	5	3	0	2	1	0	+ 37
4. Russie	9	5	2	0	3	1	0	– 10
5. Allemagne	8	5	2	0	3	0	0	– 80
6. Belgique	2	5	0	0	5	0	2	– 83

FOUR NATIONS 2016

20 août 2016	
Australie - Nouvelle-Zélande*	8-42
Afrique du Sud - Argentine*	30-23
27 août 2016	
Nouvelle-Zélande* - Australie	29-9
Argentine - Afrique du Sud*	26-24
10 septembre 2016	
Nouvelle-Zélande* - Argentine	57-22
Australie - Afrique du Sud*	23-17
17 septembre 2016	
Nouvelle-Zélande* - Afrique du Sud	41-13
Australie* - Argentine	36-20
1er octobre 2016	
Afrique du Sud - Australie	18-10
Argentine - Nouvelle-Zélande*	17-36
8 octobre 2016	
Afrique du Sud - Nouvelle-Zélande*	15-57
Argentine - Australie*	21-33

*Point de bonus (offensif ou défensif).

CLASSEMENT FINAL

	Pts	J.	G.	N.	P.	p.	c.	diff.
1. Nouvelle-Zélande	30	6	6	0	0	262	84	+178
2. Australie	14	6	3	0	3	119	147	-28
3. Afrique du Sud	10	6	2	0	4	117	180	-63
4. Argentine	5	6	1	0	5	129	216	-87

France-Galles (20-18), le 18 mars 2017 au Stade de France. Damien Chouly tente d'arracher le ballon à quelques bras rouges. À moins que ce ne soit l'inverse...

COUPE D'EUROPE

*Point de bonus (offensif ou défensif).

POULE 1

14 octobre 2016 et 7 janvier 2017	
Glasgow* (ECO) - Leicester (ANG)	42-13
Racing 92 - Munster* (IRL)	7-32
22 et 23 octobre 2016	
Munster* - Glasgow	38-17
Leicester - **Racing 92**	27-17
10 décembre 2016	
Munster* - Leicester	38-0
Racing 92 - Glasgow	14-23
16 et 17 décembre 2016	
Glasgow - **Racing 92**	23-7
Leicester - Munster*	18-16
14 janvier 2017	
Glasgow* - **Munster**	12-14
Racing 92* - Leicester	34-3
21 janvier 2017	
Munster - **Racing 92**	22-10
Leicester - **Glasgow***	0-43

POULE 2

15 octobre 2016	
Wasps* (ANG) - Zebre (ITA)	82-14
Connacht (IRL) - **Toulouse***	23-21
23 octobre 2016	
Toulouse - Wasps	20-20
Zebre - **Connacht***	7-52
10 et 11 décembre 2016	
Zebre - **Toulouse***	6-36
Wasps* - Connacht	32-17
17 décembre 2016	
Toulouse* - Zebre	54-15
Connacht - Wasps*	20-18
14 janvier 2017	
Connacht* - Zebre	66-21
Wasps - **Toulouse***	17-14
22 janvier 2017	
Zebre - **Wasps***	27-41
Toulouse - Connacht	19-10

POULE 3

15 octobre 2016	
Toulon - Saracens (ANG)	23-31
Scarlets (GAL) - Sale (ANG)	28-11
21 et 22 octobre 2016	
Sale - **Toulon**	5-15
Saracens* - Scarlets	44-26
10 et 11 décembre 2016	
Saracens* - Sale	50-3
Toulon* - Scarlets	31-20
18 décembre 2016	
Scarlets - **Toulon***	22-21
Sale - **Saracens**	10-24
15 janvier 2017	
Scarlets - Saracens	22-22
Toulon* - Sale	27-12
21 janvier 2017	
Saracens - **Toulon***	10-3
Sale - Scarlets*	25-23

POULE 4

15 octobre 2016	
Leinster* (IRL) - **Castres**	33-15
Northampton (ANG) - **Montpellier***	16-14
22 et 23 octobre 2016	
Castres* - Northampton	41-7
Montpellier - Leinster*	22-16
9 et 11 décembre 2016	
Northampton - **Leinster***	10-37
Montpellier* - **Castres**	32-14
17 et 18 décembre 2016	
Leinster* - Northampton	60-13
Castres - **Montpellier***	29-23
13 et 14 janvier 2017	
Leinster* - **Montpellier**	57-3
Northampton* - **Castres***	28-21
20 janvier 2017	
Montpellier* - Northampton	26-17
Castres - Leinster	24-24

CLASSEMENT POULE 1

	Pts	J.	G.	N.	P.	p.	c.	diff.	Bo	Bd
1. Munster	24	6	5	0	1	18	4	+96	3	1
2. Glasgow	19	6	4	0	2	18	10	+74	2	1
3. Leicester	8	6	2	0	4	3	23	-129	0	0
4. Racing 92	5	6	1	0	5	12	14	-41	1	0

CLASSEMENT POULE 2

	Pts	J.	G.	N.	P.	p.	c.	diff.	Bo	Bd
1. Wasps	22	6	4	1	1	28	13	+98	3	1
2. Toulouse	18	6	3	1	2	22	10	+73	2	2
3. Connacht	18	6	4	0	2	26	15	+70	2	0
4. Zebre	0	6	0	0	6	11	49	-241	0	0

CLASSEMENT POULE 3

	Pts	J.	G.	N.	P.	p.	c.	diff.	Bo	Bd
1. Saracens	24	6	5	1	0	20	6	+94	2	0
2. Toulon	16	6	3	0	3	12	10	+20	2	2
3. Scarlets	11	6	2	1	3	11	15	-13	0	1
4. Sale	4	6	1	0	5	7	19	-101	0	0

CLASSEMENT POULE 4

	Pts	J.	G.	N.	P.	p.	c.	diff.	Bo	Bd
1. Leinster	23	6	4	1	1	31	10	+140	4	1
2. Montpellier	16	6	3	0	3	15	15	-29	2	2
3. Castres	12	6	2	1	3	15	20	-3	1	1
4. Northampton	9	6	2	0	4	10	26	-108	1	0

POULE 5

16 octobre 2016	
Bordeaux-Bègles - Ulster (IRL)	28-13
Exeter (ANG) - **Clermont***	8-35
22 octobre 2016	
Clermont* - **Bordeaux-Bègles***	49-33
Ulster - Exeter*	19-18
10 et 11 décembre 2016	
Ulster* - **Clermont****	39-32
Exeter* - **Bordeaux-Bègles**	7-13
17 et 18 décembre 2016	
Bordeaux-Bègles - Exeter	12-20
Clermont* - Ulster	38-19
15 janvier 2017	
Bordeaux-Bègles* - **Clermont**	6-9
Exeter* - Ulster	31-19
21 janvier 2017	
Clermont* - Exeter*	48-26
Ulster* - **Bordeaux-Bègles**	22- 6

CLASSEMENT POULE 5

	Pts	J.	G.	N.	P.	p.	c.	diff.	Bo	Bd
1. Clermont	26	6	5	0	1	27	18	+80	5	1
2. Bordeaux-Bègles	14	6	3	0	3	11	13	-2	1	1
3. Exeter	12	6	2	0	4	13	17	-36	2	2
4. Ulster	10	6	2	0	4	16	19	-42	1	1

QUARTS DE FINALE

1er et 2 avril 2017	
Leinster (IRL) - Wasps (ANG)	32-17
Munster (IRL) - **Toulouse**	41-16
Saracens (ANG) - Glasgow (ECO)	38-13
Clermont - Toulon	29-9

DEMI-FINALES

22 avril 2017	
Munster - **Saracens**	10-26
23 avril 2017	
Clermont - Leinster	27-22

FINALE (À ÉDIMBOURG)

13 mai 2017	
Clermont - **SARACENS**	17-28

Les Saracens, doubles champions d'Europe en titre, célèbrent leur victoire en finale contre Clermont, le 13 mai 2017 à Murrayfield.

On se donne la main entre joueurs de Gloucester, le 12 mai à Édimbourg, pour tenter de bloquer Jonathan Danty. Mais le Stade Français l'emporte 25-17.

CHALLENGE EUROPÉEN

POULE 1

Trévise (ITA) - **La Rochelle***	**10-41**
Bayonne - Gloucester* (ANG)	**27-47**
La Rochelle* - **Bayonne**	**51-24**
Gloucester* - Trévise	**37-8**
Gloucester* - **La Rochelle**	**35-14**
Bayonne - Trévise	**15-28**
Trévise - **Bayonne***	**21-17**
La Rochelle* - Gloucester	**42-13**
Bayonne - **La Rochelle**	**14-24**
Trévise - **Gloucester***	**0-41**
La Rochelle* - Trévise	**31-8**
Gloucester* - **Bayonne**	**64-19**

CLASSEMENT POULE 1

	Pts	J.	G.	N.	P.	p.	c.	diff.	Bo	Bd
1. Gloucester	25	6	5	0	1	31	15	+127	5	0
2. La Rochelle	24	6	5	0	1	28	11	+99	4	0
3. Trévise	8	6	2	0	4	9	23	-107	0	0
4. Bayonne	1	6	0	0	6	14	33	-119	0	1

POULE 3

Newport* (GAL) - **Brive**	**37-16**
Enisey-STM (RUS) - Worcester* (ANG)	**19-12**
Enisey-STM* - Newport	**38-18**
Worcester* - **Brive**	**24-25**
Enisey-STM - **Brive***	**8-43**
Worcester* - Newport	**33-20**
Brive* - Enisey-STM	**38-18**
Newport - Worcester	**22-7**
Newport* - Enisey-STM	**34-10**
Brive - Worcester*	**17-14**
Brive* - Newport	**36-19**
Worcester* - Enisey-STM	**57-14**

CLASSEMENT POULE 3

	Pts	J.	G.	N.	P.	p.	c.	diff.	Bo	Bd
1. Brive	23	6	5	0	1	21	16	+55	3	0
2. Newport	14	6	3	0	3	19	19	+10	2	0
3. Worcester	13	6	2	0	4	22	13	+30	2	3
4. Enisey-STM	9	6	2	0	4	13	27	-95	1	0

POULE 5

Harlequins* (ANG) - **Stade Français**	**43-21**
Timisoara (ROU) - **Édimbourg*** (ECO)	**17-59**
Stade Français* - Timisoara	**27-0**
Édimbourg* - Harlequins**	**36-35**
Timisoara - **Harlequins***	**3-42**
Édimbourg - **Stade Français***	**28-23**
Stade Français* - Édimbourg*	**26-20**
Harlequins* - Timisoara	**75-3**
Timisoara - **Stade Français***	**0-28**
Harlequins* - **Édimbourg**	**18-23**
Édimbourg* - Timisoara	**49-3**
Stade Français - Harlequins	**27-17**

CLASSEMENT POULE 5

	Pts	J.	G.	N.	P.	p.	c.	diff.	Bo	Bd
1. Édimbourg	24	6	5	0	1	30	15	+93	3	1
2. Stade Français	20	6	4	0	2	20	16	+44	3	1
3. Harlequins	18	6	3	0	3	34	14	+117	4	2
4. Timisoara	0	6	0	0	6	2	41	-254	0	0

POULE 2

Grenoble - **Lyon***	**13-39**
Ospreys* (GAL) - Newcastle (ANG)	**45-0**
Lyon - **Ospreys***	**13-31**
Newcastle* - **Grenoble**	**50-7**
Grenoble - **Ospreys***	**7-59**
Lyon* - Newcastle	**42-12**
Ospreys* - **Grenoble**	**71-3**
Newcastle* - **Lyon***	**48-29**
Grenoble* - Newcastle*	**31-27**
Ospreys* - **Lyon**	**47-7**
Lyon* - **Grenoble**	**57-13**
Newcastle* - **Ospreys***	**21-26**

CLASSEMENT POULE 2

	Pts	J.	G.	N.	P.	p.	c.	diff.	Bo	Bd
1. Ospreys	30	6	6	0	0	42	7	+228	6	0
2. Lyon	16	6	3	0	3	26	21	+23	4	0
3. Newcastle	12	6	2	0	4	22	26	-22	2	2
4. Grenoble	5	6	1	0	5	8	44	-229	1	0

POULE 4

Bristol (ANG) - **Cardiff Blues*** (GAL)	**20-33**
Pau* - Bath (ANG)	**22-25**
Bath - Bristol	**22-6**
Cardiff Blues - **Pau**	**27-12**
Cardiff Blues - Bath	**28-3**
Bristol* - **Pau**	**41-14**
Bath* - Cardiff Blues	**38-3**
Pau - Bristol*	**18-28**
Bristol - Bath*	**22-57**
Pau* - Cardiff Blues	**21-22**
Bath* - **Pau**	**69-10**
Cardiff Blues* - Bristol	**37-21**

CLASSEMENT POULE 4

	Pts	J.	G.	N.	P.	p.	c.	diff.	Bo	Bd
1. Bath	23	6	5	0	1	25	10	+123	3	0
2. Cardiff Blues	22	6	5	0	1	16	15	+35	2	0
3. Bristol	10	6	2	0	4	19	22	-43	2	0
4. Pau	2	6	0	0	6	13	26	-115	0	2

QUARTS DE FINALE

31 mars, 1er et 2 avril 2017

Édimbourg (ECO) - **La Rochelle**	**22-32**
Bath (ANG) - Brive	**34-20**
Gloucester (ANG) - Cardiff Blues (GAL)	**46-26**
Ospreys (GAL) - **Stade Français**	**21-25**

DEMI-FINALES

22 et 23 avril 2017

La Rochelle - Gloucester	**14-16**
Stade Français - Bath	**28-25**

FINALE (À ÉDIMBOURG)

12 mai 2017

Gloucester - **STADE FRANÇAIS**	**17-25**

*Point de bonus (offensif ou défensif).

CHAMPIONNAT D'ANGLETERRE

CLASSEMENT SAISON RÉGULIÈRE

	Pts	J.	G.	N.	P.	p.	c.	diff.	Bo	Bd
1 Wasps	84	22	17	1	4	693	502	+191	13	1
2. Exeter	84	22	15	3	4	667	452	+215	15	3
3. Saracens	77	22	16	1	5	579	345	+234	8	3
4. Leicester	63	22	13	0	9	567	445	+112	6	5
5. Bath	59	22	12	0	10	486	440	+46	5	6
6. Harlequins	52	22	11	0	11	532	526	+6	5	3
7. Northampton	52	22	10	0	12	476	490	-14	5	7
8. Newcastle	49	22	10	0	12	430	581	-151	5	4
9. Gloucester	46	22	7	2	13	533	534	-4	6	8
10. Sale	40	22	7	1	14	471	595	-124	6	4
11. Worcester	36	22	6	2	14	466	662	-196	5	3
12. Bristol	20	22	3	0	19	382	707	-325	2	6

DEMI-FINALES

20 mai 2017

Exeter - Saracens	**18 - 16**
Wasps - Leicester	**21 - 20**

FINALE (À TWICKENHAM)

27 mai 2017

Wasps - **EXETER**	**20 - 23**

LIGUE CELTE

CLASSEMENT SAISON RÉGULIÈRE

	Pts	J.	G.	N.	P.	p.	c.	diff.	Bo	Bd
1. Munster (IRL)	86	22	19	0	3	602	316	+286	9	1
2. Leinster (IRL)	85	22	18	0	4	674	390	+284	12	1
3. Scarlets (GAL)	77	22	17	0	5	537	359	+178	9	0
4. Ospreys (GAL)	69	22	14	0	8	556	360	+196	10	3
5. Ulster (IRL)	68	22	14	1	7	521	371	+150	6	4
6. Glasgow (ECO)	58	22	11	0	11	540	464	+76	9	5
7. Cardiff (GAL)	53	22	11	1	10	508	498	+10	3	4
8. Connacht (IRL)	44	22	9	0	13	413	498	-85	5	3
9. Édimbourg (ECO)	31	22	6	0	16	400	491	-91	1	6
10. Trévise (ITA)	23	22	5	0	17	316	664	-348	1	2
11. Newport (GAL)	23	22	4	0	18	368	569	-201	1	6
12. Zebre (ITA)	19	22	3	0	19	318	773	-455	1	6

DEMI-FINALES

19 et 20 mai 2017

Leinster (IRL) - **Scarlets (GAL)**	**15-27**
Munster (IRL) - Ospreys (GAL)	**23-3**

FINALE (À DUBLIN)

27 mai 2017

Munster - **SCARLETS**	**46-22**

TOP 14

*Point de bonus (offensif ou défensif).

1re JOURNÉE
20 et 21 août 2016

Lyon - Brive	15-15
Stade Français* - Grenoble	54-20
La Rochelle - Clermont	30-30
Castres - Pau	28-11
Bordeaux-Bègles - Racing 92	15-9
Toulouse - Montpellier	20-12
Bayonne - Toulon*	28-23

2e JOURNÉE
27 et 28 août 2016

Pau* - **Toulon**	18-22
Bayonne - Castres	12-12
Grenoble* - **La Rochelle**	19-22
Brive - Stade Français	28-20
Racing 92* - Lyon	29-16
Toulouse - Bordeaux-Bègles*	22-17
Montpellier* - **Clermont**	22-26

3e JOURNÉE
3 et 4 septembre 2016

Stade Français - Clermont	30-30
Lyon* - Grenoble	32-13
Castres - **La Rochelle**	18-26
Pau* - Bayonne	25-9
Toulon* - **Brive**	21-25
Bordeaux-Bègles - **Montpellier**	15-32
Racing 92 - Toulouse	28-14

4e JOURNÉE
10 et 11 septembre 2016

Stade Français - Castres*	29-25
Montpellier* - Pau	41-13
Bordeaux-Bègles - Bayonne	40-20
La Rochelle* - Lyon	43-18
Clermont* - Racing 92	47-10
Grenoble - Brive	36-23
Toulouse - **Toulon***	15-32

5e JOURNÉE
17 et 18 septembre 2016

Lyon - Toulouse*	25-20
Brive - La Rochelle*	29-28
Pau - Stade Français	23-6
Bayonne - **Montpellier**	9-21
Clermont* - Bordeaux-Bègles	40-16
Castres* - Grenoble	46-9
Racing 92* - Toulon	41-30

6e JOURNÉE
24 et 25 septembre 2016

Castres - Racing 92	31-23
Grenoble* - **Pau**	38-39
La Rochelle* - Bayonne	34-17
Bordeaux-Bègles* - Lyon	32-10
Toulouse - Stade Français*	23-18
Montpellier* - Brive	42-13
Toulon - Clermont*	23-21

7e JOURNÉE
1er et 2 octobre 2016

Clermont - Castres	29-19
Toulouse* - Grenoble	31-3
Bayonne - Lyon	22-22
Pau* - **Bordeaux-Bègles**	28-30
Brive - Racing 92	25-16
Stade Français - La Rochelle*	31-26
Toulon* - Montpellier	28-6

8e JOURNÉE
8 et 9 octobre 2016

Racing 92 - Stade Français	29-22
Bordeaux-Bègles - Brive*	27-25
Montpellier - Castres	28-19
Grenoble* - Bayonne	44-16
La Rochelle - Toulon	17-17
Lyon - Pau*	27-22
Clermont - Toulouse*	29-25

9e JOURNÉE
29 et 30 octobre 2016

Pau* - **Toulouse**	20-24
Toulon* - Grenoble	42-12
Montpellier - La Rochelle*	12-11
Stade Français - Lyon	25-19
Bayonne - **Racing 92**	3-16
Castres - Bordeaux-Bègles	33-27
Brive - **Clermont***	16-40

10e JOURNÉE
5 et 6 novembre 2016

Bordeaux-Bègles - Stade Français	37-19
Toulouse - Castres*	16-15
Clermont - Grenoble*	21-20
Brive - Bayonne	26-9
Racing 92 - Montpellier	21-9
La Rochelle* - Pau	27-6
Lyon - Toulon	27-13

11e JOURNÉE
12 et 13 novembre 2016

Pau - Racing 92	26-17
Castres - Brive	32-13
Montpellier - Lyon*	25-20
Grenoble* - **Bordeaux-Bègles**	22-24
Bayonne - Clermont	22-14
La Rochelle - Toulouse	25-19
Toulon - Stade Français	31-12

12e JOURNÉE
19 et 20 novembre 2016

Castres* - Toulon	34-17
Racing 92 - Grenoble*	29-24
Bordeaux-Bègles - La Rochelle	26-0
Brive - Pau	38-25
Clermont - Lyon*	16-13
Stade Français - Montpellier*	21-17
Bayonne - Toulouse*	16-13

13e JOURNÉE
3 et 4 décembre 2016

Pau - Clermont*	40-35
Lyon* - **Castres**	19-23
Stade Français* - Bayonne	51-5
Grenoble - **Montpellier***	37-51
La Rochelle - Racing 92	23-23
Toulouse* - Brive	30-12
Toulon* - Bordeaux-Bègles	37-10

14e JOURNÉE
22 et 23 décembre 2016

Grenoble - Toulouse*	26-22
Brive - Lyon	22-6
Racing 92 - Castres	23-10
Bayonne - **La Rochelle***	17-42
Bordeaux-Bègles* - **Pau**	16-18
Clermont* - Stade Français	46-10
Montpellier - Toulon*	33-29

Pau-Clermont (40-35, 13e journée). Le Brennus est encore loin pour Fritz Lee et Aurélien Rougerie...

15e JOURNÉE
30, 31 décembre 2016 et 1er janvier 2017

Lyon - Bordeaux-Bègles*	19-16
Pau - Montpellier*	32-27
Stade Français - Brive*	12-10
Castres* - Bayonne	47-18
Toulouse - Clermont	26-20
La Rochelle* - Grenoble	40-3
Toulon - Racing 92	17-11

16e JOURNÉE
6, 7, 8, 11 et 12 janvier 2017

Montpellier - Bordeaux-Bègles*	31-26
Brive - Grenoble*	23-22
La Rochelle - Castres	22-8
Stade Français* - **Toulouse**	15-18
Clermont* - Toulon	30-6
Racing 92* - Bayonne	59-20
Pau* - Lyon	38-15

17e JOURNÉE
28 et 29 janvier 2017

Toulon* - **La Rochelle**	20-23
Toulouse - **Pau**	10-20
Grenoble - Stade Français	44-22
Castres - Montpellier	38-25
Lyon* - Racing 92	37-25
Bayonne - Brive	33-23
Bordeaux-Bègles - Clermont	23-23

18e JOURNÉE
18 et 19 février 2017

La Rochelle - Stade Français	37-18
Racing 92 - Brive	33-25
Pau - Grenoble	39-22
Clermont* - Bayonne	46-27
Toulon - Lyon	31-17
Bordeaux-Bègles - **Castres**	17-29
Montpellier - Toulouse	27-18

19e JOURNÉE

4 et 5 mars 2017

Castres - Clermont	26-16
Bayonne - Pau	25-25
Grenoble - Racing 92	19-10
Brive - Toulon	15-5
Lyon - Montpellier	16-3
Toulouse - **La Rochelle**	21-27
Stade Français* - Bordeaux-Bègles	32-9

20e JOURNÉE

11 et 12 mars 2017

Bordeaux-Bègles* - Grenoble	46-14
Lyon - Stade Français*	35-33
Toulon* - Bayonne	82-14
Brive - Toulouse*	21-19
Racing 92 - **La Rochelle**	15-38
Pau - Castres	18-12
Clermont - **Montpellier***	19-28

21e JOURNÉE

18, 19 mars et 19, 22 avril 2017

Clermont* - Pau	65-13
Bayonne - Bordeaux-Bègles*	24-20
La Rochelle* - Brive	36-17
Toulouse - Lyon	42-26
Grenoble - Toulon	23-23
Castres* - Stade Français	33-10
Montpellier* - Racing 92	54-3

22e JOURNÉE

25 et 26 mars 2017

Racing 92 - Clermont*	27-24
Grenoble - Castres*	21-20
Pau - **La Rochelle**	13-23
Lyon* - Bayonne	52-7
Bordeaux-Bègles - Toulouse	20-11
Brive - Montpellier*	28-25
Stade Français - Toulon	17-11

23e JOURNÉE

8 et 9 avril 2017

La Rochelle - Bordeaux-Bègles	16-5
Montpellier* - Grenoble	54-14
Bayonne - **Stade Français***	16-32
Castres* - **Lyon**	16-17
Clermont* - **Brive**	21-26
Racing 92 - Pau*	34-32
Toulon - Toulouse	33-23

24e JOURNÉE

15 et 16 avril 2017

Toulon - Castres	23-14
Grenoble - **Clermont***	18-59
Stade Français* - Pau	51-16
Brive* - **Bordeaux-Bègles**	19-22
Lyon - La Rochelle*	29-25
Montpellier* - Bayonne	61-22
Toulouse* - **Racing 92**	8-10

25e JOURNÉE

29 et 30 avril 2017

Castres* - Toulouse	52-7
Pau - Brive*	32-27
Bayonne - Grenoble	43-35
Lyon* - **Clermont**	20-23
Bordeaux-Bègles - **Toulon**	13-26
La Rochelle - Montpellier*	40-37
Stade Français - Racing 92*	27-23

26e JOURNÉE

6 mai 2017

Brive - Castres	33-27
Clermont - La Rochelle*	30-26
Toulon - Pau	32-12
Montpellier - Stade Français*	27-26
Toulouse* - Bayonne	40-12
Grenoble* - Lyon	53-21
Racing 92 - Bordeaux-Bègles*	22-20

CLASSEMENT SAISON RÉGULIÈRE

	Pts	J.	G.	N.	P.	p.	c.	diff.	Bo	Bd
1. **La Rochelle**	85	26	17	3	6	68	46	+209	6	5
2. Clermont	78	26	15	3	8	87	58	+238	8	4
3. Montpellier	76	26	16	0	10	80	50	+186	7	5
4. Toulon	69	26	14	2	10	68	50	+163	5	4
5. Castres	63	26	13	1	12	66	38	+158	5	4
6. Racing 92	62	26	14	1	11	63	62	-30	3	1
7. Stade Français	59	26	12	1	13	66	59	+5	5	4
8. Brive	58	26	13	1	12	41	61	-57	0	4
9. Pau	57	26	12	1	13	58	70	-97	2	5
10. Lyon	55	26	11	2	13	55	56	-59	3	4
11. Bordeaux-Bègles	54	26	11	1	14	50	52	-12	2	6
12. Toulouse	53	26	11	0	15	53	46	-24	3	6
13. Grenoble	38	26	7	1	18	58	99	-241	2	6
14. Bayonne	30	26	6	3	17	41	107	-439	0	0

COUPE D'EUROPE 2017-2018 :
La Rochelle, Clermont, Montpellier, Toulon, Castres et le **Racing 92** qualifiés. Le **Stade Français** éliminé en barrage par les Anglais de Northampton (22-23).
RELÉGUÉS EN PRO D2 : Grenoble et **Bayonne.**

BARRAGES

19 mai 2017	
Toulon - Castres	26-22
20 mai 2017	
Montpellier - **Racing 92**	13-22

DEMI-FINALES

26 mai 2017	
La Rochelle - **Toulon**	15-18
27 mai 2017	
Clermont - Racing 92	37-31

FINALE (À SAINT-DENIS)

4 juin 2017	
CLERMONT - Toulon	22-16

PRO D2

CLASSEMENT SAISON RÉGULIÈRE

	Pts	J.	G.	N.	P.	p.	c.	diff.	Bo	Bd
1. **Oyonnax**	90	30	19	0	11	88	52	+153	7	7
2. Agen	87	30	18	2	10	78	56	+156	5	6
3. Montauban	86	30	19	0	11	69	44	+193	6	4
4. Mont-de-Marsan	83	30	17	0	13	66	46	+150	6	9
5. Biarritz	81	30	18	0	12	66	53	+93	5	4
6. Perpignan	79	30	16	1	13	88	50	+155	9	4
7. Colomiers	78	30	17	1	12	66	51	+167	5	3
8. Aurillac	70	30	15	0	15	65	75	-23	5	5
9. Carcassonne	64	30	14	1	15	62	62	+6	3	3
10. Béziers	63	30	13	0	17	66	62	+27	7	4
11. Vannes	61	30	12	2	16	62	75	-76	2	7
12. Narbonne	61	30	14	1	15	57	78	-130	3	0
13. Soyaux-Angoul.	61	30	13	1	16	48	70	-121	2	5
14. Dax	59	30	13	0	17	61	91	-198	1	6
15. Albi	57	30	12	2	16	56	79	-140	1	4
16. Bourgoin	17	30	4	1	25	45	99	-412	1	6

Oyonnax et **Agen** sont promus en Top 14. **Albi** et **Bourgoin** sont relégués en Fédérale 1. **Massy** et **Nevers** sont promus en Pro D2 pour 2017-2018.

DEMI-FINALES

13 mai 2017	
Montauban - Mont-de-Marsan	24-13
14 mai 2017	
Agen - Biarritz	26-14

FINALE (À BORDEAUX)

21 mai 2017	
AGEN - Montauban	41-20

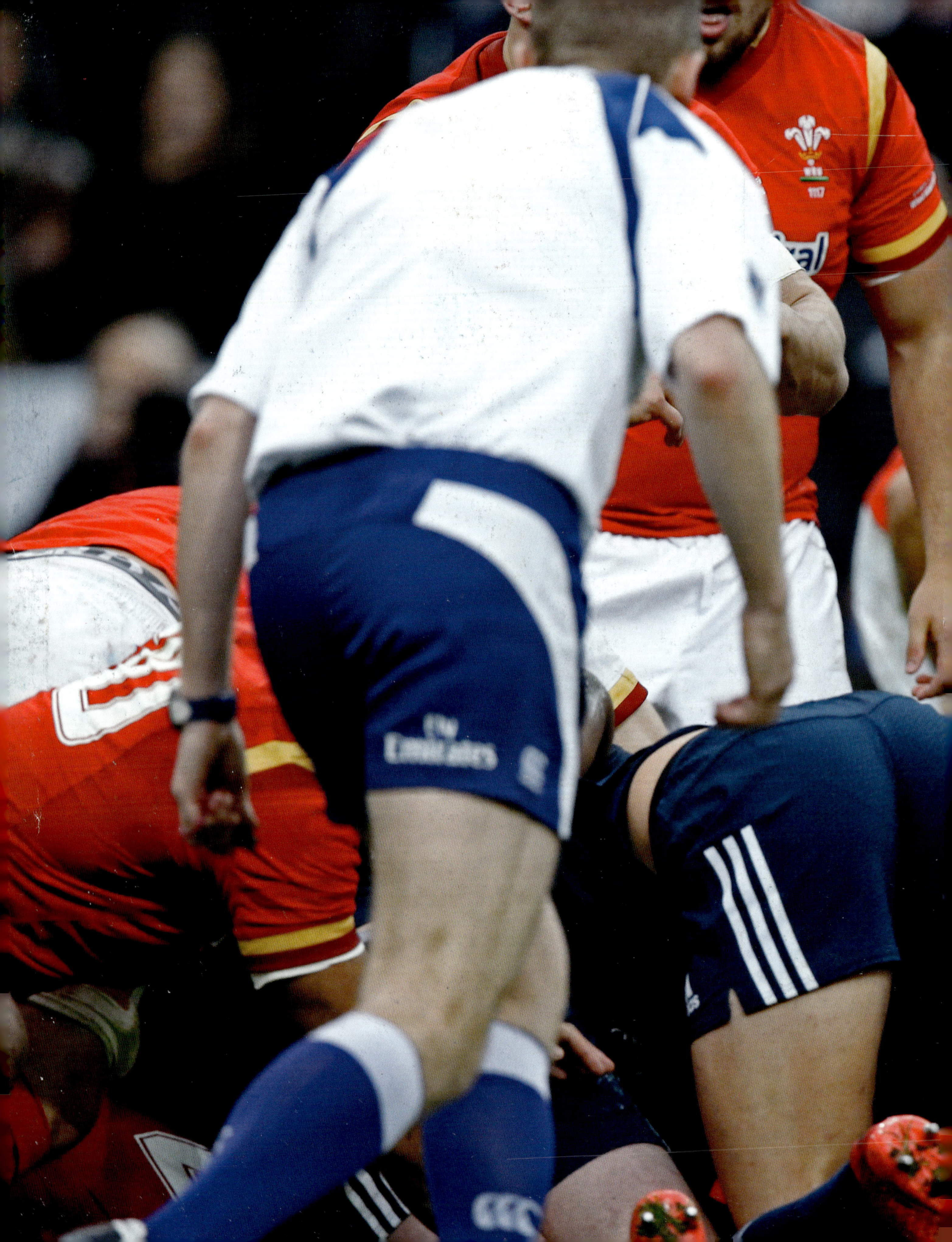
Emirates